U0586901

中国民兵史

李思纯 著

巴蜀书社

图书在版编目（CIP）数据

中国民兵史 / 李思纯著. —成都：巴蜀书社，
2021.3

（巴蜀百年学术名家丛书）

ISBN 978－7－5531－1403－3

Ⅰ.①中⋯　Ⅱ.①李⋯　Ⅲ.①民兵—军事史—中国
Ⅳ.①E28

中国版本图书馆 CIP 数据核字（2020）第 221157 号

中　国　民　兵　史
ZHONGGUO MINBINGSHI

李思纯　著

责任编辑	王承军
出版发行	巴蜀书社（成都市槐树街 2 号　邮编：610031）
电　　话	总编室：(028) 86259397
	发行科：(028) 86259422　86259423
网　　址	www.bsbook.con
电子邮箱	bashubook@163.com
排　　版	四川胜翔数码印务设计有限公司
印　　刷	成都东江印务有限公司
版　　次	2021 年 3 月第 1 版
印　　次	2021 年 3 月第 1 次印刷
成品尺寸	130mm×210mm
印　　张	5.75
字　　数	110 千
书　　号	ISBN 978－7－5531－1403－3
定　　价	48.00 元

自　序

　　愚生清光绪十九年。向日中国闭关时代，农业社会，自给自足，其安静暇豫之生活，固于童稚时历之矣。十岁而中国始举新政；二十而革命军起，遂废清祚，建共和；三十而共产主义萌芽于湘、粤；今年四十岁，日本纵横于辽、蓟，赤焰弥漫于南北。盖迄是而国几于不国，民族生命之前途，窃忧疑不敢自信其悠久。孰令致之，而至于此，可深长思也。

　　不有满洲之主中国，则种族之论，无由鼓舞人心；不有种族革命之震摇，则清廷不致置百政为缓，而以练兵为急，期以此举谋自固；不有清廷之舍本逐末，则革命虽未能速成，将来一旦既成，必能纳政治于轨物。今既不然，共和成于咄嗟之间，而治平则期诸不可必之数。纵目所及，但有黑雾，不睹曙光。如此因果相寻，发端毫厘，谬差千里，宛转纡回，终达于亡国之日。而后已四十年来，虽有大力，莫之能挽。愚固不信定命论者，今则俯首丧气于定命论之前矣。

　　试征诸国史,治乱隆污之枢纽,所系者非一端,而兵农其大者也。我先民肇始于黄河两岸,其教民者,惟耕地与筑城两事。耕地者,农之事;筑城者,兵之事。耕地所以资筑城,而筑城亦所以卫耕地。故上古部落酋长之世,榛莽未辟,其有阡陌井然、城隍完固者,皆我华夏先民之领域也。以兵农合一之故,以耕筑不绝之故,乃得辟草莱,启疆宇,以有今日广大之国族。自两汉而后,兵农之政坏,而有五胡。自唐而后,兵农之政坏,而有契丹、女真、蒙古、满洲。至于今日,所遭尤非昔比,苟兵农之事不修,耕筑之务益弛,则国族其终就夷灭乎?

　　欧西之政制美矣,其制为全国皆兵。欧西诸国之立政赡民,固不必以农,要其兵与民合一,则与华夏古代之兵农相资,若合符契。欧西之兵,其在上古,希腊、罗马,中古诸酋王,初无以异于中国。然工业革命以后,非昔比矣。今日之兵,科学之结晶也。其兵制、战术、器用之属,咸迈越于古,非国力充实,财用足备,科学发达,则无以举之。一兵卒之执戈于战场,其身后必有工商数十人,昼夜力作,而后能供养。今苟以贫疲之国,憔悴之民,工商窳败,智力俱乏,妄欲练欧西式之兵,以致强盛,诚不揣本而齐末。清季是也,今日尤甚。故欧西新制之兵,工业机械发达后之产物也。国之百业俱敝,而妄思豢养多量之欧式大军,犹狂人之饮鸩止渴,悲哉!

清之季世，女主专横于上，大臣愚昧于下。其所谓筹备宪政，苟焉涂饰耳目，以欺国民而已。惟一之急务，则新军三十六镇也。知识阶级之人士，亦昧于为政之本末次第，倡言整军经武，以相盲从附和。革命起而清帝颠覆，政制未确立，则中枢无统治之方；武人奏大勋，则地方成割据之势；产业未发达，则人民无养兵之力；生计益艰难，则战乱成不绝之象。虽有圣智，莫如之何，目睹危亡，终于束手。造因则必食果，种瓜何能得豆？语云："从后种种，譬如今日生。"国人于今，能不凛然思所从事耶？

今欲重理旧常，拨乱返治，其道固亦多端。而惟一急务，则在将共和二十年来之佣兵制度，私人武力，悉与变革，再图更始。更始之道，允宜上考先民旧法，旁采欧西新制，节缩兵额，着重训练，发达产业，充实财力，讲求科学，使兵民合一，耕战相资。一兵持枪于边疆，百工奋锤于国内。军为国用，兵自民出，私斗不兴，庶政入轨，庶几其可。然则国族之盛衰兴亡，其视民兵制度之能否确立推行为决定也。

愚曾居巴黎数年，岁岁睹法国人致祭于无名兵士之墓地，至诚且肃。又常寓居北平，束手待毙于内战时之飞机投弹。愚为蜀人，尝居成都，身历巷战数次，焚掠及于比邻，尸血接于衣履。而叹国家之同　练兵，其效用之不同若此。平居偶翻读中国史籍，见历代之混乱危亡，莫不由于政制败坏；而兵制之腐，尤其厉阶。因就三代农兵，两汉民兵,隋唐府兵,宋明迄清之保甲团练,披览而辑录之,为上中下三编,名曰《中国民兵史》,借以供当世言征兵者之参考。若其辞有枝叶,体失谨严,征引未周,材料过简,当今贤哲,苟有启迪匡正,则尤所冀望也已。

中华民国二十二年七月一日,李思纯识于成都小福建营。

目　录

引　论

　　兵制无古今中外，大别言之，征与募二途而已。世界各先进国，多数采用征兵制。其在欧洲法兰西、德意志，皆征兵制国家之代表。英国以海军纵横世界，陆军之精练较逊，故征兵之制，未能完全推行。然综览世界国家，其兵质优良，训练精利，有捍卫国家之用，无军阀专政之弊者，皆行征兵制之国家也。其反之者，则皆行募兵制之国家也。

　　征兵制与募兵制之优劣利害，固可比较而得。其在征兵制，兵即是民，民皆为兵。军事教育，普及全民，无文弱不振之病，其利一；全国之民，人皆入伍，执干戈以卫社稷，爱国之心，于以发达，其利二；入伍之前，退伍之后，各归本业，皆为生利之民，无坐食分利之弊，其利三；士、农、工、商，皆入军籍，凡入籍之兵，皆为曾受教育之民，兵质优良，纪律必佳，其利四；凡全国之民，入伍为兵，退伍为民，不致造成一种固定之杀人阶级，倚恃武力，争攘政权，成为军阀,则政治无失轨之虞,其利五。

其在募兵制,害亦有数端。当兵为一部分人之专业,而其他工商生利之民出资养之,全国坐失一部分之生产者,其害一;服役军中日久,渐因私人关系,成为私人军队,徒供私斗之用,无益国家,其害二;军队本为多人聚居,颇易养成不良之风俗习惯,终身服役军中,使良民归于恶化,其害三;以金钱招募,其来者皆失业无能之民,教育之程度必低,甚或市井无赖,山林盗贼,皆入尺籍,纪律废弛,贻患国家,其害四;以金钱招募,其来者皆为军饷而战,非保卫国家而战,其害五;以一部分之人民,终身皆受军事教练,而社会中他种人民,皆养成文弱柔靡之习,无捍卫国家之能力,其害六;军事训练为一阶级所专有,渐以养成军阀,专攘国权,使政治混乱失轨,其害七。

就以上所列举,征兵制与募兵制之利害得失,盖了然可睹矣。故一国家而欲整理其军伍者,非征兵之制不能;一国家而欲免除其兵祸者,非征兵之制不可。然征兵之制,世界各国所行,亦非完全一律。大别言之,其制有三种,如下列:

(甲)募征。仍用募兵之制,募集志愿之兵。但所募者,必考核其身份、家业、教育程度、知识及身体之状况,而制定入伍、退伍之年限。

(乙)记征。将全国能服兵役之男子,悉登记之,皆须入伍当兵。但其中有地位高崇,学术优良,或家业富厚,能出资雇人为代者,政府可特免其兵役,或允其雇人代替。

(丙)普征。全国男子,无论身份之高下、贵贱、贫富,一律按时应征入伍,不得免除或代替。

中国之征集民兵,盖自三代以迄唐人,记载班班,可以考见。自府兵既废,民兵之制遂亡。然宋明以来,保甲团练,犹略存其遗意。本编就此等材料,为一有统系之研究,以明吾国民兵制度之状况,期吾人有策以规复之于将来。

上编　上古之民兵

第一节　夏商之兵制

中国兵制，三代以前，无可征知矣。夏商二代，史乘简略，记载实寡。然其时疆宇非广，仅于黄河两岸，创建部落，神权既崇，宗法亦盛，国小民寡，计数可知，凡一切户籍丁口，不待调查，已可备悉。例如，商代因河患屡次迁都，其民皆追从王室，时有转徙，盖与部落为近，而与邦国为远。部落之制，若有争战，皆举国以赴敌。夏商之时，国小民寡，部落之习犹存。每有战事，举国皆隶军籍，耕战相兼，兵农合一，固世界先民之常轨也。

禹平水土，奠定九州。《禹贡》之为伪书与否姑不具论。即就《禹贡》言之，其于九州疆域贡赋之数，虽有所记，然其于九州户籍丁口之数，则阙略无一字之记载，其军伍之制，无可征考。禹之子启伐有扈氏，将战，作《甘誓》云:"嗟! 六事之人,予誓告汝。用命,赏于祖;弗用命,戮于社。"其所谓赏于祖、戮于社者,皆假部落宗法之威,驱其部众,以赴战役。

夏有贡法,其民凡"一夫受田五十亩,每一夫计其五亩之入以为贡"。盖取什一之制,以为国赋也。兵制与国赋,皆计人口以为准,民兵恒视国赋为准以征集之。夏之民兵,虽无确纪,然视其田赋之制,可以为准,见其大略。

夏后姒相,为其臣寒浞所弑,且篡夺其位。子少康生于有虞,"有田一成,有众一旅,能布其德",遂成中兴之业。(按:所谓一成一旅,皆周制也。)《通典·叙兵篇》云:"井田之制,地方一里为井,井十为通,通十为成。"则有田一成,即有地方百里也。《立军篇》云:"五百人为旅。"则有众一旅,即有众五百人也。所谓一成一旅,是否为夏代之田制、兵制,而周代因袭其名,固难臆断。然少康用百里之地,五百人之众,以光复旧业,固可见夏代之因土地以征集民兵,因地狭而征兵亦寡。

夏桀无道,商汤伐之,誓其众于鸣条之野,遂移夏祚。《尚书·汤誓》云:

> 格尔众庶,悉听朕言。非台小子,敢行称乱。有夏多罪,天命殛之。予惟闻汝众言,夏氏有罪。予畏上帝,不敢不正。今尔有众,汝曰:"我后不恤我众,舍我穑事,而割正夏。汝其曰有罪,其奈何? 夏王率

遏众力，率割夏邑。夏德若兹，今朕必往。"（按：《汤誓》为誓师之辞，其云："我后不恤我众，舍我穑事。"又曰："率遏众力，率割夏邑。"孔安国释其义曰："桀之君臣，相率遏止众力，使不得事农，相率割剥夏之邑居。"）

就《汤誓》观之，当时夏、商两方之战士，皆平时力事农耕之民，暂舍穑事而应战者，盖部落之俗，兵农合一，夏、商皆然。

田赋之制，夏有贡法，商有助法："汤立井田之制，以六百三十亩之地，划为九区，区七十亩。中为公田，其外八家各授以一区，但借其力以助耕公田，故曰助。"按商之田赋，既用助法，则计亩授田，比户出丁，以事耕战，殆亦略与夏制相同。

商纣暴虐，周武王合诸侯之师伐之，战于牧野，遂败纣兵，以建周室。《尚书》云："武王伐殷，革车三百乘，虎贲三千人。"苏秦说赵王亦曰："汤武之士，不过三千，车不过三百乘，卒不过三万。"《尚书·泰誓》亦云："纣有臣亿万，惟亿万心。予有臣三千，惟一心。"观此知周武王伐纣，其众不过三千。盖周起西陲，部众寡少，赖人心归附，以获胜也。

《尚书·武成》云："武王克殷，归马于华山之阳，放牛于桃林之野。"盖战事既毕，兵亦罢归，返其田亩。因战所征用之牛马,亦予归还,示不再用。从战之士,复返其本,再为耕夫。其制固为夏商之旧,三代所同。

要之,夏商之制,犹是上古市府国家。战时,驱民为兵,以事征伐;平时,则散归田里,以事耕稼。其时募兵之制,当犹未发现也。

第二节　周之兵制

周之兵制,比于夏商,有可征焉。周代文化大备,较夏商为晚近,故记载较多。先论其军伍之编制,大要如下表:

军之编制	军五师	师五旅	旅五卒	卒四两	两五伍	伍
人　数	一万二千五百人	二千五百人	五百人	一百人	二十五人	五人
领军者	将命卿	师帅中大夫	旅帅下大夫	卒长上士	两司马中士	伍长

观于上之编制,周代军伍之制,其严整细密,不逊近代。以视清代绿营之制,殆犹胜之。《通典·立军篇》云:

周制,万二千五百人为军,将皆命卿。二千五百人为师,师帅皆中大夫。五百人为旅,旅帅皆下大夫。百人为卒，卒长皆上士。二十五人为两，两司马皆中士。五人为伍，伍皆有长。

《司马法》云：

> 二十五人为两，四两为卒，百人也。五卒为旅，五百人也。五旅为师，二千五百人也。五师为军，万二千五百人也。万二千象十二月，五百象闰也。

周代因井田以定兵赋，故研究周代兵制者，必先研究其井田。今就井田与兵赋之关系，列如下表：

天子之兵赋	诸侯之兵赋	卿大夫之兵赋				
畿千里	封三百一十六里	同百里	甸四丘	丘四邑	邑四井	井
出赋六十四万井	出赋六万四千井	出赋六千四百井	六十四井	十六井	四井	一井
戎马四万匹，兵车万乘	戎马四千匹，兵车千乘	戎马四百匹，兵车百乘	戎马四匹兵车一乘牛十二头甲士三人步卒七十二人	戎马一匹牛三头		

就上表观之，兵赋与井田之关系，盖可略见。兵车之制，凡一乘，以甲士三人，步卒七十二人，为之基本。自天

子至于诸侯,自诸侯至于卿大夫,皆为什一之比较。其提封之地愈广者,其出赋愈多,而甲兵愈众。反之,提封地狭者,则赋薄而甲兵寡少。盖井田之制,兵农合一,其势然也。

其立军亦有定制,《周官》大司马:

> 凡制军万有二千五百人为军。王六军,大国三军,次国二军,小国一军。

李觏曰:

> 《注疏》言天子六乡六遂,合有十二军,而止六军,何也?盖六乡为正军,六遂为副倅。至于大国之三乡三遂,次国之二乡二遂,小国之一乡一遂,莫不皆然。但以王家迭用之,则常为六军尔,此乡遂制军之法。

又《周官》小司徒:

> 乃会万民之卒伍而用之,五人为伍,五伍为两,四两为卒,五卒为旅,五旅为师,五师为军,以起军旅,以作田役,以比追胥,以令贡赋。乃均土地,以稽其人民,而周知其数。上地家五人,可任也者家三

人；中地家六人，可任也者二家五人；下地家五人，可任也者家二人。凡起徒役，毋过家一人，以其余为羡，唯田与追胥竭作。凡国之大事，致民；大故，至余子。

注云：

大事，谓戎事也；大故，谓灾寇也。

《周官》又云："遂人以岁时稽其人民，而授之田野，简其兵器。"陈氏《礼书》曰：

古者国有游倅，田有余夫，军有羡卒，所以副其正也。六乡以三剂致民，上地家七人至无过家一人，以其余为羡。则一人为正卒，余可任者皆羡卒也。六遂以下剂致民，上地可任者家三人；中地可任者二家五人；而皆以下地二人任之，则一人为正卒，一人为羡卒，其余不预。

此可考见周代出兵之制，为每家出兵一人。

然周代出兵之数，虽为每家一人，而以井田之制考之，则天子六十四万井，每家一人，当有五百一十二万人。而天子六军，实仅有七万五千人，此实难解。按《孙子》云：

> 兴师十万，日费千金，内外骚动，不得操事者，七
> 十万家。

观此知周代出兵，实七家共出一人。七家轮充兵役，
余六家供给之。征兵七次，则七家轮出俱遍，仍为每家出
一人之数。故兴师十万，而骚然者七十万家。

《通典》云："夏官司马掌军戎，天子六军，诸侯大国三
军，次国二军，小国一军。"盖一军以一万二千五百人计
之，则天子有兵七万五千人，诸侯大国有兵三万七千五百
人，次国有兵二万五千人，小国有兵一万二千五百人也。
及晚周衰乱，诸侯奋强，五霸代兴。晋文公重耳于三军之
外，复作三军，共为六军，比于天子矣。《左氏传注》云：
"晋置三军，复增置三行，以避天子六军之名。"至周襄王
二十三年，晋蒐于清原，乃舍三行，而作五军。于原有定
制三军之外，更置新上军、新下军，共为五军，较天子之制
为稍逊。及襄王三十一年，晋乃废上、下新军，复为三军
之旧制。周代兵制，因诸侯强盛，渐以变易，于此可见。

以车乘之制论之，则车每乘，计甲士三人，步卒七十
二人，共为七十五人。今云天子万乘，则七十五万人，诸
侯千乘，则七万五千人，卿大夫百乘，则七千五百人，与每
军一万二千五百人之数，不相符合。然天子六军，特备征

伐之数。既行井田之制，计户出兵，七家更番征集，则六军乃定制征集之兵，万乘乃倾国备征之众。盖天子有兵车万乘，尽征倾国之众，可得七十五万人。而平时仅备什一之众，制为六军，凡七万五千人而已。

言民兵制者，必先之以调查统计其户籍丁口之数。其在周代，所谓"习民数"，所谓"料民"，即今世对于全国户籍丁口，加以调查统计是也。《通鉴》周宣王四十年，料民于太原，其所记云：

初，王伐姜戎，败绩于千亩，乃料民于太原。仲山甫谏曰："民不可料也。古者司民协孤终，司商协民姓，司徒协旅，司寇协奸，牧协职，工协革，场协入，廪协出，而又治农于籍，蒐于农隙，耨获亦于籍，狝于既烝，狩于毕时，是皆习民数者也，又何料焉？且无故而料民，天所恶也。害于政而防于后嗣。"王卒料之。

按注云："料民者，简料其数。"是知周宣王盖调查统计其民数，以备征发应战。

周代户籍丁口之数，以井田之制，而了然可以简料。周代所行之"彻法"，盖融合夏之"贡法"于商之"助法"而成。其视夏商二代，盖较美备。《通鉴》云：

　　一夫受田百亩,乡遂用贡法。十夫有沟,都、鄙用助法,八家同井。耕则通力而作,收则计亩而分,故谓之彻。

　　按:彻法立于周武王十三年,平居则受田分耕,有事则应征赴战。耕战两端,皆于彻法是赖。因以悉知户籍丁口之实数,随时简料以致用,此三代民兵之制所以运行也。

　　《文献通考》云:

　　　　周制,天子于孟春之月,躬耕籍田千亩于南郊。厉王时,籍田礼废,宣王不复遵古。虢公谏曰:"民之大事在农,是故稷为大官,惟农是务。三时务农而一时讲武,故征则有威,守则有财。"

　　按:此所谓三时务农而一时讲武,可见周代兵农合一之制。盖以耕战为国之大事,农隙讲武,并行不悖,荒于耕者,即怠于战。

　　晚周民兵之制,莫详于《管子》之书。管子治齐,乃行轨里连乡之制,所谓"作内政而寓军令",实周代最良美之民兵制也。管子所创之民兵制,其大要如下表:

地方区划	五乡联合	乡十连	连四里	里十轨	轨五家
地方行政之长 兼为民兵之官	五乡联合	乡良人	连长	里有司	轨长
民兵之编制	帅一万人	旅二千人	卒二百人	小戎五十人	伍五人

《管子·小匡篇》云：

作内政而寓军令，三分齐国为高子之里，为国子之里，为公之里，以为三军。择其贤民，使为里君。乡有行伍卒长，则其制令，且以田猎，因以赏罚，则百姓通于军事矣。于是，乃制五家以为轨，轨为之长。十轨为里，里有司。四里为连，连为之长。十连为乡，乡有良人，以为军令。是故五家为轨，五人为伍，轨长率之。十轨为里，故五十人为小戎，里有司率之。四里为连，故二百人为卒，连长率之。十连为乡，故二千人为旅，乡良人率之。五乡一帅，故万人为一军，五乡之帅率之。

按：《管子》轨里连乡之制，其所谓"轨长""里有司""连长""乡良人"等，皆为平时地方自治之首领，兼为战时地方征集之统帅。且五家为轨，每家出一人服兵役而组为伍，颇似近世团练制度之"门户练丁"。故《管子》书中之民兵，视古昔益了然明备。

管子更申论民兵之利云：

三军，故有中军之鼓，有高子之鼓，有国子之鼓。春以田曰蒐，振旅。秋以田曰狝，治兵。是故卒伍政定于里，军旅政定于郊。内教既成，令不得迁徙。故卒伍之人，人与人相保，家与家相爱。少相居，长相游，祭祀相福，死丧相恤，祸福相忧，居处相乐，行作相和，哭泣相哀。是故夜战其声相闻，足以无乱。昼战其目相视，目以相识，欢欣足以相死。是故以守则固，以战则胜。

其于民兵优点，言之甚悉，以视后世募兵，何可并论？《通典·法制篇》云：

吴起教战法，短者持矛戟，长者持弓弩，强者持旌旗，勇者持金鼓，弱者给厮养，智者为谋士。乡里相比，什伍相保。

其所云"乡里相比，什伍相保"者，殆犹民兵之制。

齐之民兵，略异于周制。管子分齐国为二十一乡，以六乡为工商之乡，其余十五乡，则为士之乡。其所谓"士"者，即农民也，亦即兵士也。管子盖区分其民业为三：一曰工，一曰商，一曰农兵。齐制大率九家出一兵，九十家得一车，共得兵十万，车五千乘。以通国之数而递征之，则车仅用六分之一，士仅用十分之三。

晋惠公韩之败，始作州兵。五党为州，州二千五百家，率每家起一人，共为一万二千五百人，已非古者羡余以备递征之旧制。文公蒐于被庐，作三军。城濮之战，赋车七百乘。（按：晋通国当有车五千乘，今仅用七百乘，犹用齐国之兵制。其后，更作五军，非旧制矣。）

鲁成公元作丘甲，丘各一甲。大率一甸而加步卒二十四人，甲士一人。三甸而加一乘，则一甸中共有百人为兵，非《司马法》之旧。

楚庄王作三军以为正军，二广以为亲军，游阙以为游兵。广有一卒，卒偏之两，于阵则分左右二拒。按《司马法》，百人为卒，卒二十五人为两。车十五乘为大偏，九乘为小偏，又有二十五乘之偏。庄王盖乘广三十乘，分为左右，每广仍十五乘，近于《司马法》之大偏。孔颖达曰："卒偏之两者，两广之别，各有一卒之兵百人也。"则楚制尚为近古。

《汉书·食货志》曰："四丘为甸，甸三十六井，出戎马四匹，兵车一乘，牛十二头，干戈备具。"是古者计田出兵，并自备军实也。古制数家出兵一人，及其流弊，虽每家出一人，尚不足用。战国时，乃至悉发壮丁应战，而古之兵制、田制，同时崩溃矣。

第三节 战国及秦之兵制

周代兵制,系于井田,兵农合一,有事应征赴敌而已。战国以来,兼并既兴,井田之制亦坏。诸强国于民兵之外,渐选募强悍之士,以为常兵。盖兵农合一,则习学戎事之时少。募集骁武之士,录为恒常之兵,自可收一时之效。故自周末而民兵之制渐衰,募兵之制亦渐兴。募兵之可征者,盖募集骁健以编为特种部队,例如下表:

诸侯国	募兵名号	募兵之长技及奖励
齐	技击	得一首则受赐金
魏	武卒	衣三属之甲,操十二石之弩,负矢五十个,置戈其上,冠胄带剑,赢三日之粮,日中而趋百里,中试则复其户,利其田宅
秦	锐士	能著甲者为五人之首,使得隶役五家

《通典·叙兵篇》云:

洎周衰,齐、晋、吴、楚迭为霸国,更相吞灭,以至七雄。班孟坚曰:"当是时也,吴有孙武,齐有孙膑,魏有吴起,秦有商鞅,皆擒敌立胜,垂著篇籍。故齐愍以技击强，魏惠以武卒奋，秦昭以锐士胜。若齐之技击，得一首则受赐金。事小敌脆，则偷可用也；事巨敌坚，则涣然离矣。是亡国之兵也。魏氏武卒，衣三属之甲，操十二石之弩，负矢五十个，置戈其上，冠胄带剑，嬴三日之粮，日中而趋百里，中试则复其赋，利其田宅。如此，其地虽广，其税必寡，其气力数年而衰，是衰国之兵也。秦人，其生民也狭厄，其使人也酷烈。狃之以赏庆，导之以刑罚，使其民所以要利于上者，非战无由也。功赏相长，五甲首而隶五家，是最为有数，故能四代胜于天下。然皆干赏蹈利之兵耳，未有安制矜节之理也。虽地广兵强，鳃鳃常恐天下之一合而共轧己也。"

由上所述，故知战国以来，诸侯强大，各招募常兵，锡以勇号，所谓"技击""武卒""锐士"，皆募兵之具有特殊武技者。而周代民兵之制，亦渐起变革矣。商鞅相秦，定变法之令，"令民为什伍，而相牧司连坐。告奸者与斩敌首同赏，匿奸者与降敌同罚。民有二男以上不分异者，倍其赋。有军功者，各以率受上爵。为私斗者，各以轻重被刑大小。宗室非有军功论，不得为属籍"。故秦民勇于公战，怯于私斗。

《通典·风俗篇》云：

周制步百为亩,亩百给一夫。商鞅佐秦,以一夫力余,地利不尽,于是改制,二百四十步为亩,百亩给一夫矣。又以秦地旷而人寡,晋地狭而人稠,诱三晋人发秦地利,优其田宅,复及子孙。而使秦人应敌于外,非农与战,不得入官。大率百人,则五十人为农,五十人习战,兵强国富,职此之由。其后,仕宦之途猥多,道释之教渐起,浮华浸盛,末业日滋。今大率百人,方十人为农,无十人习战,其余皆务他业。以今推古,损益可知。

由上所述,知战国之时,秦与六国,虽各募勇士,以为常兵,而所谓"告奸者与斩敌首同赏,匿奸者与降敌同罚",又所谓"大率百人,则五十人为农,五十人习战"。可知,战国七雄之世,虽招募之途已开,而民兵之制未废。

《吴越春秋》云:

吴王夫差败越于夫椒,遂入越。越子使大夫种,因吴太宰嚭以行成,吴王将许之。伍员谏,不听,退而告人曰:"越十年生聚,十年教育,二十年之后,吴其为沼乎?"

按:所谓生聚教育者,繁殖其民而训练之,以充兵役,盖亦民兵之制存于吴越之证。

然战国诸侯，虽仍沿袭周制，籍民为军，而募兵之途既开，于民兵之外，亦招致特殊技能之士，为常备之卒。若上所举"齐愍之技击，魏惠之武卒，秦昭之锐士"，皆为募养劲旅之名号。《史记·越世家》云：

> 越王乃发习流二千，教士四万人，君子六千人，诸御千人，伐吴。

按注云："习流盖言习水之士，舟师之精者。"《索隐》云："教士谓常所教练之兵也。"虞翻云："君子言君养之如子，王之私卒也。"《索隐》云："诸御言诸理事之官在军有职掌者。"于此可知，战国诸侯之兵，其制亦渐纷杂。所谓"教士"，疑为籍民户以成军。而所谓"习流"，所谓"君子"，疑皆招募之私兵。

长平之役，秦将白起围赵将赵括于长平。秦王自诣河内，发民年十五以上，悉诣长平，遮绝赵救兵及粮食，卒坑赵卒四十余万。（按：史称"秦王发民年十五以上，悉诣长平"，是秦民之少壮者，皆应征以赴战役。）

周赧王五十七年，秦兵围赵邯郸。魏公子信陵君无忌窃兵符救赵，椎杀魏将晋鄙，且勒兵令其众曰："父子俱在军中者，父归。兄弟俱在军中者，兄归。独子无兄弟者，归养。"得选兵八万人，将之以进。（按：魏军中有父子兄弟，俱服兵役，其为民兵之征集者可知。）

中编　中古之民兵

第四节　两汉之兵制

自战国以后，强秦一统，诸侯皆被兼并，封建之制遂亡。秦人销天下兵器，聚之咸阳，以为金人十二，至是而中国遂为一统郡县之制。国之根本政治既改，而兵制亦随之。盖自秦汉以来，中国之兵制，皆本强干弱枝之义，聚重兵于京畿，以卫中央。其郡县不设重兵，但于边防，设为戍守，有事则征发各地之民以应战而已。

《通典》云：

秦氏削平，罢侯置守，历代因袭，委政郡县。缅寻制度可采，惟有汉氏足征：重兵悉在京师，四边但设亭障；又移天下豪族，辏居三辅陵邑，以为强干弱枝之势也。或有四夷侵轶，则从中命将，发五营骑士，六郡良家。贰师、楼船，伏波、下濑，咸因事立称，毕事则省。虽卫、霍之勋高绩重，身奉朝请，兵皆散归。斯诚得其宜也。

按所云"发六郡良家"，是征发各地居民以充兵役。所云"因事立称，毕事则省"，是战时征发民兵，立一军之名，事后则兵俱遣散，军名亦随废去。所云"身奉朝请，兵皆散归"，是平时统帅闲居，兵士亦各复本业。故汉代民兵之义，此数语足以尽之。

汉代虽采集中兵力于京畿之制，然北邻匈奴，屡有南寇之虞，故必备边兵，以资捍御。然中央发兵备边，劳苦而无多效，故自晁错以至赵充国，皆主募民实边，以为国防政策，所谓"屯田"是也。汉文帝十一年，晁错上书，请募民徙塞下，其言曰：

陛下幸忧边境，发卒治塞。然令远方之卒守塞，一岁而更，不如选常居者，家室田作，且以备之，以便为之高城深堑。要害之处，调立城邑，毋下千家。先为室屋，具田器，乃募民免罪拜爵复其家。予冬夏衣，廪食，能自给而止。如是，则邑里相救助，赴胡不避死。此与东方之戍卒不习地势而心畏胡者，功相万也。

又云：

臣又闻古之制边县以备敌也，使五家为伍，十伍为里，四里一连，十连为邑。皆择其邑之贤才，习地形知民心者，为之长。居则习民于射法，出则教民于应敌。服习以成，勿令迁徙，幼则同游，长则共事。夜战声相知，则足以相救；昼战目相见，则足以相识。欢爱之心，足以相死。如此而劝以厚赏，威以重罚，则前死而不旋踵矣。

按晁错徙民备边之策，盖师管子"轨里连乡"之说。管子作内政以寄军令，晁错则练民兵以固边陲，其为民兵征集之义一也。《通典·风俗篇》云：

昔汉文之时，长安之北七百里外，即匈奴之地，控弦数十万骑，侵掠未尝暂宁。计其举国人众，不过汉一大郡。晁错请备障塞，北边由是获安。

可知当时移民实边，就地训练民兵，以固国防，其效甚巨。

西汉经略四方，以武帝为最。然有时发兵远征，军行万里，良家子弟多不愿行。故亦偶以市井无赖，流亡罪人，及祖父有军籍者，强迫其充入尺籍，驱之以事远征。武帝太初三年，遣贰师将军李广利，大发兵以击大宛，出

敦煌,益发天下七科给贰师。所谓"七科"者,一吏有罪,
二亡命,三赘婿,四贾人,五故有市籍者,六父母有市籍
者,七大父母有市籍者。观此知当时征发民兵,因道远险
阻,故征及亡命罪人,不必皆为良民。

《史记·吴王濞列传》云:

> 吴王反,下令国中曰:"寡人年六十二,身自将。
> 少子年十四,亦为士卒先。诸年上与寡人比,下与少
> 子等者,皆发。"发二十余万人。

观此知吴王濞反,尽驱其民为兵。其民年十四岁至
六十二岁者,皆服兵役。

西汉自晁错倡移民实边后,继之者有赵充国。宣帝
神爵元年七月,遣赵充国击羌人,屯田湟中,充国上状,
略云:

> 臣谨条不出兵留田便宜十二事:步兵九校,吏士
> 万人,因田致谷,威德并行,一也。排斥羌虏,令不得
> 居肥饶之地,贫破其众,二也。居民得并田作,不失
> 农业,三也。军马一月之费,度支田土一岁,罢骑兵
> 以省大费,四也。至春省甲士卒,循河湟漕谷至临
> 羌,示羌威武,五也。以闲暇时,缮治邮亭,充入金
> 城,六也。令反虏窜于风寒之地,离霜露疾疫之患,

坐得必胜之道，七也。无经阻远追死伤之害，八也。内不损威武之重，外不令虏得乘间之效，九也。又无惊动河南大开、小开，使生它变，十也。治湟陿中道桥，令可至鲜水，以制西域，信威千里，从枕席上过师，十一也。大费既省，繇役豫息，以戒不虞，十二也。留屯田得十二便，出兵失十二利，惟明诏采择。

按充国之策，移兵屯田，战守两资其用，与晁错徙民实塞下之策相合。所云"吏士万人，因田致谷"，盖寓兵于农，耕战相资，以固边鄙，其事甚明。

汉代征发民兵，有时盖非良民。武帝时有"七科"之制，即征发罪人及亡命者，以充军役也。王莽天凤六年，募兵击匈奴，大遣发天下丁男，及死罪囚吏民奴，以为锐卒。其死罪囚吏民奴之充兵役者，为锡以专名，曰"猪突豨勇"，言其蠢悍敢死也。令公卿以下，至郡县黄绶，皆保养军马，多少以秩为差。按王莽遣发天下丁男及罪囚以击匈奴，且令官吏养马，亦寓兵于吏民之意，然兵制益败坏。又王莽地皇二年，以田况为青、徐二州牧。况素果敢，发二州民年十八以上四万余人，授与库兵。赤眉贼樊崇等闻之，不敢入境。况自请出界击贼，所向皆破。（按：田况发民十八岁以上，授与库兵，亦民兵也。）

自西汉以来，武帝与王莽曾发遣罪囚亡命以充兵役，而兵质益恶，远非三代民兵之旧。赤眉、铜马诸贼，啸聚无赖，至数百万之众。光武帝悉击降之，分配其众，使诸将各统率之。东汉诸帝，一循西汉之旧，兵制无所更易。然自桓、灵以后，天下多乱，州郡刺史，各募私军，以供战守。自西汉以来，"集兵中央，强干弱枝"之制遂破。董卓引羌胡之兵，蹂躏关陇，四海分崩，兵制益坏。盖三代民兵之制，至两汉而渐改，民兵既废，募兵遂兴矣。

三国鼎峙，各募州郡之兵，长年争战。其桀猛之徒，更养私兵，以为己卫，如吴主孙亮，常料兵，凡子弟年十八以下，十五以上，得三千余人，选大将子弟年少有勇力者，为之将帅。亮曰："吾立此军，欲与之俱长。"日于苑中习焉。又魏扬州都督诸葛诞，常养轻侠数千人为死士，皆个人自养私兵。盖至是招募既兴，私兵益盛，而民兵殆全废绝。

《通典》云：

> 后汉建安中，刘表为荆州牧。刘备时在荆州，众力尚少。诸葛亮曰："荆州非少人也，而著籍者寡，平居发调，则人心不悦。可语刘荆州，令凡有游户，皆使自实，因录以益众可也。"备言其计，故表众遂强。

按：此可考见三国时州郡兵制。当时州郡牧守，借兵自保，其军皆由募集，然其募集之法，仍系就州郡民额，抽取征调。其外来户口，未录民籍者，则无从稽考，所谓"游户"也。诸葛亮说刘表,令凡有游户,皆使自实,因录以益众。凡州郡之户口充盈者,其养兵亦盛。故汉末州郡虽行招募之制,然夷考其实,仍有古代征兵于民之遗意。

三国时州郡典兵之制,至晋初统一而始废,然其后又规复之。晋武帝太康元年冬十月,吴、蜀既平,诏罢州郡兵。其诏曰:

> 自汉末四海分崩,刺史内亲民事,外领兵马。今天下为一,当韬戢干戈,刺史分职,皆如汉氏故事,悉去州郡兵。大郡置武吏百人,小郡五十人。

诏既下,交州牧陶璜上言:"州兵未易约损,以示单虚。"仆射山涛亦言"不宜废州郡武备"。帝不听。及永宁之后,盗贼群起,州郡不能制,天下遂大乱,如涛所言。然其后刺史复兼民兵之政,州郡愈重。

两汉之兵制,已非三代之旧。综言之,盖招募大兴,而又征募兼行之制也。国家养有定额常兵,皆由招募。平时聚之中央,有事遣供征伐。其兵力有不足,则计调民户,征发丁男,以为补充,偶亦驱罪囚亡命,入伍应战。其后汉末天下大乱,州郡刺史,各驱其民,录充尺籍。兵制益紊乱无纪,兵质亦日以坏恶,三代民兵耕战相兼之制,盖相去远矣。

王夫之《读通鉴论》曰:

秦、项已灭,兵罢归家。何其罢归之易而归以即乎安?古者兵皆出于农,无无家者也,罢斯归矣。汉起巴蜀、三秦之卒,用九江、齐、赵之师,不战其地,不扰其人,无闾井之怨,归斯安矣。后世召募失业之民,欲归而无所归,则战争初息而遣归之也难。高祖甫一天下,而早为之所。国不糜,农不困,兵有所归,不谓之有大略也得乎?

又曰:

曹孟德始屯田许昌,而北制袁绍,南折刘表,邓艾再屯田陈、项、寿春,而终以吞吴,此魏晋平定天下之本图也。屯田之利有六,而广储刍粮不与焉。战不废耕,则耕不废守,守不废战,一也;屯田之吏士,据所屯以为己之乐土,探伺密而死守之心固,二也;兵无室家,则情不固,有室家则为行伍之累,以屯安其室家,出而战,归而息,三也;兵从事于耕,则乐与民亲,而残民之心息,即境外之民亦不欲凌轹而噬齮之,敌境之民,且亲附而为我用,四也;兵可久屯,聚于边徼,束伍部分,不离其素,甲胄器仗,以暇而修,卒有调发,符旦下而夕就道,敌莫能测其动静之机,五也;胜则进,不胜则退有所止,不至骇散而内讧,六也。有此六利者，而粟米刍藁之取给，以不重困编氓之输运，屯田之利溥矣哉！诸葛公之于祁山也，亦是道也。

按：就上所论列者观之，两汉民兵之效，盖亦昭然可睹矣。

第五节　南北朝之兵制

自两汉以来，民兵之制渐废，直至北魏宇文泰创府兵，而民兵制乃复兴。然民兵制之实行，必先之以均量田赋，稽核户口，否则民兵无从言也。田赋之制，王莽颇欲复古，而竟未果。《汉书·食货志》云：

王莽篡位，下令更名天下田曰王田，奴婢曰私属，皆不得买卖。其人口男子过八而田满一井者，分余田与九族乡党。犯令，法至死。其后吏缘为奸，陷刑者众。后三岁，莽知民愁，乃诏诸食土田及私属皆得卖，勿拘以法。

盖王莽欲行计丁课田之制,终归失败。

晋武帝平吴之后,乃粗行计丁课田之制。《晋书·食货志》云:

> 平吴之后,制户调之式:丁男之户,岁输绢三匹,棉三斤,女及次丁男为户者半输。男子一人占田七十亩,女子三十亩。其外丁男课田五十亩,丁女二十亩,次丁男半之,女则不课。男女年十六以上至六十为正丁,十五以下至十三、六十一以上至六十五为次丁,十二以下六十六以上为老小,不事。远夷不课田者输义米,极远者输算钱。其官品第一至于第九,各以贵贱占田。第一品占田五十顷,至第九品,占田十顷。

盖自计丁课田之制,由晋武实行,延及北周、北齐,而民兵之制,乃以渐复。

五胡之乱,中原云扰。而晋初计丁受田之制,仍能实行。观《魏书·食货志》有云:

> 太祖定中原,丧乱之余,民废农业。既定中山,分徙吏民及人工伎巧十万余家,以充京都,各给耕牛,计口授田。

是北魏仍能继承晋代之制，至北魏太和九年，下诏均给天下民田，而计丁授田之制愈厉行矣。

计丁授田之制，使国家能稽核其民户多寡之数，男女少壮老弱之情形，因而就其少壮丁男，加以力役。故能计丁授田者，力强弱视户口多少以为衡也。

南北朝之兵制，沿汉魏之制，征募并行。自五胡云扰，驱其种人，转徙战斗，卒成南北分立之局，篡弑相承，战争不息。就当时史册所载，每有云"攻拔若干城"，又云"掠其民若干户而还"。可知当时用兵，攻城掠地，并驱掠户口。盖兵赋两端，皆赖户口殷繁，故掠人以益己国。

晋孝武帝太元八年，秦王苻坚下诏，大举伐晋。民每十丁遣一兵，其良家子年二十以下有材勇者，皆拜为羽林郎，良家子至者三万余骑。阳平公融谏曰："良家少年，皆富饶子弟，不习军旅，何可从也？"坚不听。

按：此所云良家子不习军旅，可知苻坚之兵，皆募集久战之士。然其伐晋之役，"民每十丁遣一兵"，犹是民兵之制。

魏主拓跋嗣泰常八年夏四月，使其将叔孙建将三万骑士。宋东阳城，宋将檀道济以兵援之，相持甚久。魏军烧营而遁，魏主令刁雍镇尹卯，招集民五千余家，置二十七营以领之。

按：史所谓招民五千余家，而编置为二十七营，以将吏领之，盖民兵也。

宋文帝元嘉二十三年，魏人屡侵宋边境，宋主以为忧，谋之群臣。御史中丞何承天上表奏曰：

今若追踪卫、霍，自非大田淮、泗，内实青、徐，使民有盈储，野有积谷，然后发卒十万，一举荡夷，则不足为也。故坚壁清野，以候其来，整甲缮兵，以乘其敝。保民全境，不出此途。要而归之，其策有四：一曰移远就近。今青、兖旧民及冀州新附，在首界者三万余家，可悉徙置大岘之南，以实内地。二曰多筑城邑，以居新徙之家，假其经用，春夏佃牧，秋冬入保。寇至之时，一城千家，战士不下二千，其余羸弱，犹能登陴鼓噪，足抗群虏三万矣。三曰纂偶车牛，以载粮械。计千家之资，不下五百耦牛，为车五百两，参合钩连，以卫其众。设使城不可固，平行趋险，贼不能干，有急征发，信宿可聚。四曰计丁课仗。凡战士二千，随其便能，各自有仗，素所服习，铭刻由己。还保输之于库，出行请以自卫，弓杆利铁，民不得者，官以渐充之，数年之内，军用粗备矣。近郡之师，远屯清、济,功费既重,嗟怨亦深,以臣料之,未若即用彼众之易也。今因民所利导而帅之,兵强而敌不戒,国富而民不劳,比于优复队伍,坐食粮廪者,不可同年而较矣。

按:何承天所言,符于屯田与民兵之义。

宋文帝元嘉二十七年秋,遣将军王玄谟、沈庆之等,大举伐魏。是时军旅大起,王公妃主,及朝士牧守,下至富民,各献金帛杂物,以助国用。又以兵力不足,悉发六州三五民丁,倩使暂行。募中外有马步众艺武力之士应科者,皆加厚赏。玄谟以兵次于滑台,时河洛之民,竞出租谷,操兵来赴者,日以千数。

按:所云悉发六州三五民丁,是亦民兵。

南北朝两国对峙,各以屯田戍兵,为攻敌之策。南方则宋元嘉二十三年,有御史中丞何承天之奏,以屯田淮、泗、青、徐为上计;北方则魏太和五年九月,以薛虎子为徐州刺史,虎子表请屯田,其言曰:

国家欲取江东,必先须积谷彭城。今徐州良田十余万顷,水陆肥沃,兴置屯田,一岁之中,具给官食,且耕且守,不妨捍边。一年之收,过于十倍之绢。

暂时之耕，足供数年之食。五稔之后，谷棉俱溢。非
直戍卒丰饱，亦有吞敌之势也。

其言与何承天所言，如出一辄。当时淮、泗、青、徐为
南北两方战争交点，故两方皆以民兵屯田，为制敌之
上策。

魏太和九年，冬十月，诏均田，令诸男夫年十五
以上，受露田四十亩，妇人二十亩，奴婢依良丁，牛一
头，受田三十亩，限止四牛。人年及课则受田，老免
及身没则还田。

按：计丁受田，乃三代之制。魏之均田，沿袭晋初，颇
存古制。盖田赋既计丁以给之，则兵役亦可计丁以征之。
三代民兵之制，经汉晋以降，变革无余。北魏渐复古制，
积渐而成立府兵之制度，非偶然也。太和十年，魏置三
长，定民户籍。先是，魏无邻党之法，惟立宗主督护，民多
隐冒，三五十家，始为一户。内秘书令李冲，请定民籍，其
言曰：

国家宜准古法，五家立邻长，五邻立里长，五里
立党长，择乡人强谨者为之。邻长复一夫，里长二
夫，党长三夫。三载无过，则升一等。其民调，一夫

一妇,帛一匹,粟二石。

盖至是而户籍之法渐备,其后府兵之制,因以推行。

北魏自太和以来,修明政治,整理户籍。其后,经尔朱荣之乱,高欢、宇文泰各据魏土之半,由是国裂为二,号曰东魏与西魏。然虽经大乱,而户籍田赋之旧制,并未中绝,且益厉行焉。

东魏武定二年,高欢以丧乱之后,户口失实,徭赋不均。冬十月,乃复举均田括赋之政,以孙腾、高隆之为括户大使,分行诸州,得无籍之户六十余万,侨居者皆勒还本属。

既而高洋篡东魏,改国号曰齐。高洋天保元年秋七月,始立九等之户,简练六坊之人,每一人必当百人任。其临阵必死,然后取之,谓之"百保鲜卑"。又简华人有勇力者,谓之勇士,以备边要。所谓九等户者,"凡民户分为上中下三等,每等又分为上中下,是曰九等。富者税其钱,贫者役其力"。

按:魏人户籍之制,自太和以来,即能厉行,然特按户口以计其受田纳赋耳。高欢、高洋承之,益以整理,按户征役,而府兵之制,于以萌芽。

府兵之制,始自西魏宇文泰,盖三代以来民兵,至宇文泰实行府兵制,而渐复其遗规焉。西魏大统十六年九月,宇文泰始籍民之才力者为府兵。魏制有"租庸调",凡受田之丁,岁输粟,谓之"租"。随乡所出,输绢绫丝麻布,无则输银,谓之"调"。用民之力,岁二十日,闰岁加二日,不役则折绢,谓之"庸"。既创府兵之制,凡民之籍为兵者,则皆免其身之租庸调。于是以农隙讲阅战阵,其马畜粮备,六家供之,合为百府。每府以一郎将主之,分属二十四军,凡十二大将军,每大将军各统开府二人,开府各领一军,共为二十四军,是曰府兵。

《文献通考》云:

> 周太祖辅西魏时,用苏绰言,始仿周典,置六军,籍六等之民,择魁健材力之士,以为之首,尽蠲租调。而刺史以农隙教之,合为百府。每府一郎将主之,分属二十四军,开府各领一军。

又云:

> 府兵平日皆安居田亩,每府有折冲领之,折冲以农隙教习战阵。国家有事征发,则以符契下其州及府,参验发之。

盖颇似今之团练制。

自西魏大统十六年,宇文泰创为府兵,其后北齐亦效之。《隋书·食货志》云:

北齐武成帝高湛河清三年三月,始颁律令。凡民居十家为比邻,五十家为闾里,百家为族党。男子十八以上,六十五以下,为丁。十六以上,十七以下,为中。六十六以上为老,十五以下为小。率以十八受田,输租调,二十充兵,六十免力役,六十六退田,免租调。一夫受露田八十亩,妇人四十亩。

宇文氏既篡西魏,改国号曰周,是为北周。武帝宇文邕保定元年三月,制为十二丁兵。先是,宇文泰创府兵,其民年二十,充兵役,更番入伍。其境内丁兵,分为八番,以八节更代番役,是为"八丁兵",至是乃改其制。凡境内丁兵,分为十二番,每月一代,是为"十二丁兵"。府兵之制,益以确立。

自西汉武帝有"七科"之制,发罪囚亡命以充兵役。王莽以死囚为兵,号为"猪突豨勇"。至北魏时,源贺请于其主拓跋浚,以过误入死罪者,充卒戍边,遂为后世"充军"制度之始,此甚乖于民兵之义也。王夫之《读通鉴论》曰:

古者寓兵于农,兵亦农也。王者莫重乎农,则莫重乎兵。后世招募兴，而朴者耕耨以养兵，强者战守以卫农，坐食农人勤获之粟，而不以为厉农。乃使犯斧锧之刑，为生人所不齿者，苟全其命，而以行伍为四裔之徒，则兵之贱也，曾不得与徒隶等。求其不厌苦而思脱，幸败而溃散，决裂而自恣者，几何也。兵贱则将亦贱也，授钺而专征者，一岸狱之长而已。廉耻丧，掳掠行，叛离易于反掌，辱人贱行者之固然，又何怪焉？

观此知两汉以来兵质之坏恶，由民兵之制废。自宇文泰之创府兵，兵质乃由坏恶以返于优良，其效实巨。

北魏以来，其兵制有各种名号。中央典兵之官，有所谓"五兵尚书"。《文献通考》云："魏置五兵尚书，五兵者，谓中兵、外兵、骑兵、别兵、都兵也，晋以来皆有之。"盖此足征北魏军制一斑。其后，南朝及北齐、北周俱因之，有五兵之名号。

府兵之制，其成立非偶然。征之北魏以来史乘，北方之主，多用民力，以供驱役。《北史·魏本纪》云：

　　太宗明元皇帝拓跋嗣永兴五年正月己巳，大阅畿内，男年十二以上悉集。乙酉，诏诸州，六十户出戎马一匹。庚寅，大阅于东郊。

又云:

泰常六年春二月己亥,诏天下户二十输戎马一
匹、大牛一头。乙亥,制六部人羊满百口者调戎马
一匹。

又云:

世祖太武皇帝拓跋焘始光二年五月,诏天下十
家发大牛一头,运粟塞上。

又云:

太平真君六年八月,车驾幸阴山,次于广德宫,
诏发天下兵,三取一,各当戒严,以须后命。

又云:

高祖孝文皇帝拓跋宏太和十九年八月,诏选天
下勇士十五万人为羽林、武贲,以充宿卫。

按:就上所举观之,北魏诸君主,多好驱其民以供征
役,习之既久,范为定制,而府兵之制,乃渐成立。宇文泰

特因习惯以创行此制，故曰非偶然也。

第六节　隋唐之府兵及其他兵制

自北魏创府兵，北齐、北周因之，延及隋、唐，府兵之制益盛，迄天宝间而始废，此言近代民兵制度者所最注意之一问题也。盖寓兵于农之制，本为三代之旧，至两汉而渐废，至北魏而又复，至唐天宝间而又废。自是民兵之制，遂永不复，以迄于今日。而隋唐间之主要兵制，实为府兵，其训练、征集、分配、编制之状况，诚为吾人今日言民兵者所当考镜也。

北魏未创府兵之先，早创有乡正里长之法，及均田平赋之法，此皆府兵之基础也，此等制度，隋代仍因袭行之。隋文帝杨坚开皇九年二月，初平陈，苏威奏请置乡正里长，盖仿北魏三长之制。《通鉴》云：

> 苏威奏请五百家置乡正，使治民间辞讼。李德林以为本废乡官判事，为其里间亲识，剖断不平。今令乡正治民，为害最甚。上竟用威议，乃以百家为里，置里长一人。

开皇十年五月,诏曰:

> 魏末丧乱,军人权置坊府,南征北伐,居处无定。今可悉属州县,其垦田、籍账,一与民同。军府统领,宜依旧式。仍罢缘边新置军府。

同年六月,"制民年五十,免役收庸,不役其身,至六十,并除其庸"。开皇十二年十二月,遣使均田。《通鉴》云:

> 时天下户口岁增,京辅及三河,地少而人众,衣食不给。帝乃发使四出,均天下之田,其狭乡,每丁才至二十亩,老少则又少焉。

炀帝杨广大业五年十一月:

> 民部侍郎裴蕴,以民间版籍多脱漏户口,奏令阅实,若一人不实,则官司解职。又许民纠得一丁者,令被纠之家代输赋役。是岁,进丁二十四万,口六十四万。帝喜曰:"何代无贤才?致此罔冒。今户口皆实,全由裴蕴。"授御史大夫。

大业七年,十月:

> 帝征高丽，诏山东置府，令养马以供军役。又发
> 民夫，运米塞下。

观上所举，隋代乡长之制，户口之制，均田及庸役之制，征发府兵之制，皆因袭北魏之旧。

大业九年六月，"杨玄感举兵叛于黎阳，选运夫少壮者，得五千余人，篙梢三千余人。且谕众曰：'主上无道，天下骚扰。今与君等起兵，以救兆民。'众皆踊跃，从者如市。玄感自将三千余人，其兵皆执单刀柳楯，无弓矢甲胄，遂屡破卫文升之军，众至十万"。是年七月，帝发三吴兵征高丽，兵多亡命，闻刘元进举事，至者云集，旬日间，众至数万。又同时吴郡朱燮为昆山县博士，与数十学生起兵，民趋之如归。凡此之类，皆以国家失政，庶民攘臂而兴革命。比于斩木揭竿之徒，即其时收拾乱局之人，若李渊、李世民，初举兵于晋阳时，亦由刘文静诈为炀帝敕书。"令发太原、西河、雁门、马邑民年二十以上者为兵，击高丽。由是人情大扰，思乱者众。"可知隋之失国，由炀帝之任意籍民以服军役，遂成大乱。盖不立规制，不设程限，但慕民兵之名，随意征役，非其道也。

隋末大乱，实由民贫。故当时起兵者，率开仓济贫，而民争归之，遂以得众。史称：

徐世勣言于李密曰："天下大乱，本为饥馑，若更得黎阳仓，大事济矣。"遂以五千人渡河，袭据黎阳仓，开仓恣民就食，旬日间，得胜兵三十余万。

又称：

李渊在晋阳，开仓济贫，应募者日众。渊分为三军，皆谓之义士。

凡此皆见当时称兵聚众者，恒以贫民就食，遂编部伍，虽曰招募，亦民兵之变相也。

唐有天下，于高祖武德二年七月，置十二军。是时唐之疆域，仅有秦晋之地，而关中尤为首要。其置十二军，以分统关内诸府，皆取天星为名。盖唐之初定关中，区分其地为十二道，故置十二军，分隶十二道之地。万年道为参旗军，长安道为鼓旗军，富平道为元戎军，醴泉道为井钺军，同州道为羽林军，华州道为骑官军，西麟道为苑游军，宁州道为折威军，歧州道为平道军，幽州道为招摇军，泾州道为天纪军，宜州道为天节军，是曰十二军。每军将副各一人，督以耕战之务。由是士马精强，所向无敌。盖唐之十二道，是为关内诸府。每道一军，即每府一军，专隶一府，并习耕战。唐代府兵制度，此为权舆。而士马精强，所向无敌，遂荡平群雄以有天下。

武德六年八月,唐以突厥屡为边患,并州长史窦静,表请于太原置屯田,以省馈运。秦王世民复请增置屯田于并州之境,许之。及武德七年四月,遂定"均田"及"租庸调"法。"租庸调"法者,唐代财赋兵制之所从出也。其法以人丁为本,田则有租,是为粟米之征;身则有庸,是为力役之征;户则有调,是为布缕之征。三者并行不悖。(按:所谓庸,是为力役之征,而兵役即包括其中。故府兵之制,赖以推行。)

武德七年之均田,史载:

> 凡年十六岁以上为成丁,凡丁、中之民给田一顷,笃疾减十之六,寡妻妾减七,皆以十之二为世业,八为口分。每丁岁入租粟二石,调随土地所宜,用人之力,岁二十日,闰加二日。不役者,日为绢三尺,纳之官中。有事而加役者,旬有五日免其调,三旬则租调俱免。凡民资业分九等,百户为里,五里为乡,四家为邻,四邻为保。在城邑者为坊,田野者为村。食禄之家,无得与民争利。男女始生为黄,四岁为小,十六为中,二十一为丁,六十为老。岁造计账,三年造户籍。

按:此为唐代兵赋二者之根本制度,与西魏大统十六年之制、北齐河清三年之制、隋开皇十二年之制,大率沿袭影响。而尤以唐代规模宏阔,远过前代,实为唐时隆盛之基。

　　武德九年十二月,太宗已即帝位,遣使点兵。封德彝奏,中男虽未十八,其壮大者,亦可并点。太宗从其言,敕出,魏征固执以为不可。太宗怒,召而让之。魏征对曰:"夫兵,在御之得其道耳,何必多取细弱,以增虚数乎?"太宗悦而从之。

由此以观,唐初之制,以租庸调为本,而计丁授田,为财赋之基;计丁服兵役,为军制之基,则昭然可见。

太宗贞观元年二月,初分天下为十道。十道者,关内、河南、河东、河北、山南、陇右、淮南、江南、剑南、岭南是也。贞观十年,遂定兵制,是曰府兵。盖"于十道中,置府六百三十四。而关内一道,则有二百六十一府之多,皆隶诸卫,及东宫六率。凡上府兵千二百人,中府千人,下府八百人。三百人为团,团有校尉。五十人为队,队有正。十人为火,火有长。每人兵甲粮装,各有数,输之库,征行给之。凡民二十为兵,六十而免。能骑射者为越骑,其余为步兵。更置统军,名为折冲都尉;置别将,名为果毅都尉。每岁季冬,折冲都尉则帅众以教战。当给马者,官与直;当宿卫者,则更当以上。兵部以远近给番,远者较稀,近者较数,皆一月而更"。此唐代府兵制度之大略也,列简表如下：

每府之兵数	每府统兵之官	团之兵数	队	火	每府兵之职务
上府千二百人 中府千人 下府八百人	设折冲校尉一员,故名曰折冲府,并设果毅校尉二员,左右辅之	三百人,设校尉统之	五十人,设队正一人	十人,设火长一人	每年季冬,检阅教战。平时兵部更番宿卫,按月一更

　　唐代府兵总额,究有若干,此为一甚费考证之问题。盖唐人置府之多寡,言人人殊,不能确指也。按《唐书·地理志》所载如下：

关内道	二百七十三府	淮南道	六府
河南道	六十二府	陇右道	二十九府
河东道	一百四十一府	江南道	二府
河北道	三十府	剑南道	十府
山南道	十府	岭南道	三府

　　就上列十道之府考之,唐代实仅有五百六十六府,以每府千人平均计算,共得府兵五十六万六千人。然当世论唐代置府之数,不一其说。今略考之,列举如下：

记载之书名	天下置府总数	关内置府数
《新唐书·兵志》	十道，置府六百三十四	关内二百六十一
《唐会要》	通计旧府六百三十三	关内置府二百六十一，又置折冲府二百八十
《新唐书·百官志》	三辅及近畿州、都督府皆置府，凡六百三十三	
杜佑《通典·州郡》	折冲府五百九十三	
杜佑《通典·职官》	置府五百七十四	
《唐书·地理志》	十道共五百六十六	关内则二百七十三
《陆宣公奏议》	太宗置府八百所	在关中者五百
《旧志》《六典》	天下之府五百九十四	
杜牧《原十六卫篇》	折冲果毅府五百七十有四	
《李邺侯家传》	诸道共六百三十府	
《理道要诀》	置府凡五百九十三	

就上所举观之，唐代设置府兵之数，颇难确考。要言之，府兵之制，始自贞观，及天宝而废，其间既历太宗、高宗、武后、中宗、睿宗、玄宗六帝，则必因时制宜，屡有兴废损益，置府之数，常有增减，此诸书所以各有出入也。《汉唐事笺》卷七"府兵下"云：

当唐盛时,天下户口八百余万,而府兵四十万,皆自食其力,不赋于民。凡民之租调以奉公上者二十分之十九,其一为兵,是以国富民裕,亦不失其兵强也。

唐代府兵总数,约在四五十万之间。杜牧《原十六卫篇》云"凡府五百七十四,有四十万人",足以为证。盖唐代置府之数,虽诸说不一,然大约在五百余府或六百余府之间,即平均以中府千人计之,亦不仅四十万人。而杜牧所云四十万,可知其时上府、中府皆少,而下府独多也。据《汉唐事笺》所云:"凡民之租调以奉公上者二十分之十九,其一为兵。"是唐初全国户口之总数,约计八百万至九百万,而府兵四十万人,居其二十分之一。

府兵之制,实为唐代贞观至天宝之主要军制,然唐初府兵之外,非无他兵也。近人柳翼谋(诒征)云:

唐自贞观至开元,以府兵为国军之主体。其外有募兵,有镇兵,有四夷之兵,合计不下百余万,而论者不究其全,徒以府兵概一切之兵。

盖唐初杂行募兵,又有边疆常备之兵,名曰镇兵,而府兵特其主干耳。贞观十八年,太宗征高丽,谓群臣曰:

朕今征高丽,皆取愿行者,募十得百,募百得千,其不得从军者,皆愤叹郁邑,岂比隋之行怨民哉?

高宗龙朔元年正月乙卯,"募河北、淮南六十七州兵,得四万四千余人诣平壤"。又圣历元年九月,"命太子为河北道元帅,以讨突厥。先是,募兵月余,不满千人。及闻太子为元帅,应募者云集。未几,数盈五万"。此足见唐初于盛行府兵制度之时,亦偶有杂用募兵之事。

府兵、募兵之外,尚有镇兵。盖府兵以农隙讲武,耕战相兼。募兵则偶招应用,寻复遣散。独镇兵则为常备之兵,作边疆防守之用者也。镇兵自武德至天宝以前,陆续建置,其目见于《通典》及新、旧《唐书》。《通典》云"大凡镇兵四十九万人",《旧唐书·地理志》亦同。今试以新、旧《唐书》之《兵志》,两相比较参合,则其时镇兵各军守提营城州使之数,约将五十万人。是镇兵之数,亦大略与府兵相等。

府兵图据《武经汇解》本中朱墉《历代兵制考》

府			
上府千二百人	折冲都尉左果毅都尉	右果毅都尉	长史一人 兵曹一人 别将一人 校尉一人 上中下府皆同
中府千人	折冲都尉左果毅都尉	右果毅都尉	
下府八百人	折冲都尉左果毅都尉	右果毅都尉	

续

兵	
坊高祖置	坊主一人　羽林军高宗　龙武军玄宗
团三百人	校尉　神武军肃宗
队百五人	队正禁军　神策军代宗　英武军代宗
兵	天威军顺宗　神威军德宗
火五人	火长

府兵有折冲之称，实源本北魏，而始于太宗贞观十年。太宗既于十道置府，而每府统军，名为折冲都尉，或折冲校尉。每府更置左右别将各一人，名曰左果毅都尉，曰右果毅都尉。故当时号诸府曰折冲府，或曰折冲果毅府。凡府兵上番入卫者，皆隶于关中诸卫，及东宫六率。所谓东宫六率者，左羽林军、右羽林军、左龙武军、右龙武军、左神武军、右神武军，是为六率，盖为中央禁卫之师也。

镇兵则为常练防边之兵，《新唐书·兵志》曰：

唐初，兵之戍边者，大曰军，小曰守捉，曰城，曰镇，而总之者曰道。平卢道之军一，守捉十一；范阳道之军十六；河东道之军四，守捉五；关内道之军九，守捉一；河西道之军十，守捉十四；北庭道之军三，守捉十；安西道之军一，守捉八；陇右道之军十八，守捉三；剑南道之军十，守捉十五；岭南道之军六；江南道之军一；河南道之军一，守捉二。

唐初府兵,据杜牧所言,有四十万人。镇兵则据《通典》及《地理志》,有四十九万人,兼用四夷之兵,合计殆将超过百万。如史载"高宗永徽元年七月,发秦、成、岐、雍府兵三万人及回纥五万骑,讨西突厥",足以为证。唐初,全国兵力如此雄厚,军备之制度如此严整,此唐初武功之所以赫耀无伦也。柳翼谋曰:

> 唐初之兵,虽以府兵为主,其实丁壮皆兵,随地皆可征调,必不仅额定之四十万人。盖府兵止于番上宿卫,为强干弱枝之具。而万里长征,久于其役,则必变通其制,或募丁壮,或兼夷兵,不能纯恃府兵以折冲捍患。

斯实为唐初军制真相。

府兵之制,创于西魏,历隋及唐,而规模日趋完善。斯实三代耕战相兼、兵农合一之遗意,亦与今世欧洲征兵制度略近似。然斯制以日久弊生,未能整理,而竟趋崩坏,莫能挽救。盖唐初府兵,太宗创其基础,历高宗、武后、中宗、睿宗,凡五帝,至玄宗天宝间而崩坏无余。自天宝以后,府兵已为历史上过去之名词,而中国兵农合一之制,亦从此永绝。

玄宗开元、天宝之间,唐代制度上一大枢纽也。不仅府兵崩坏一端,但以军制言之,则扩骑之兴与设置节度使二事,不仅为军事上一大改革,而实为藩镇制度所由起,唐宋战乱所由始,盖唐代盛衰治乱之一转机也。玄宗开元二年十二月,置幽州节度经略大使,是为节度使之始。幽州节度,领幽、易、平、妫、檀、燕六州军事。既而郭知运为河西、陇右节度大使,张说为朔方节度使,张孝嵩为北庭节度使,遂相继纷纷而起,范为定制。而天宝三年,安禄山乃兼为平卢、范阳二镇节度使。天宝五年,王忠嗣乃兼为河西、陇右、朔方、河东四镇节度使。外重内轻之势既成,遂有藩镇之祸。当此之时,强将拥兵,争培势力,国家定制之府兵,遂难存在矣。

府兵崩坏之由,不外三事。其一,府兵之成,实以田制为之根本。盖武德七年之均田造户籍,实为府兵制度所攸赖。然唐初武德、贞观间,全国人口不过八百余万,至开元、天宝间,太平日久,生齿益繁。开元十四年,户部奏天下人口四千一百四十一万。开元二十八年,人口至四千八百余万。天宝十三年,人口至五千二百余万,较之唐初,生齿之繁殊甚。虽当时侈陈太平,阿谀君主,所陈未必可信。然承平日久,人口增加,亦系必然之势。人口猛增,地不足给,故均田之制既坏,而府兵亦随之。其二,节度使之制既起,兼辖数镇,重在边防,遂竭力扩充镇兵,以培势力,且便争战,由是镇兵日增日强,府兵日减日弱。其三,中央政府睹府兵之废弛,遂募扩骑,以代府兵,而府兵之亡愈速。盖扩骑始于开元十一年,于时尚未废府兵之名也。更历二十七年至天宝八年，而府兵名实俱不存矣。

府兵之废绝，实由积久不振。开元元年冬十月，"玄宗讲武于骊山，征兵二十万，以军容不振，坐兵部尚书郭元振于纛下，将斩之，改流新州，别以姚元之为兵部尚书"。可见斯时府兵渐坏。开元九年二月，"监察御史宇文融上言，天下户口逃亡巧伪者甚众，请加检括，遂制州县逃亡户口，听百日自首。其新附客户，免六年赋调。使者竞为刻急，州县承风劳扰，百姓苦之。州县希旨，虚张其数，或以实户为客户，凡得户八十余万，田亦如之"。可见是时田制亦坏。开元十年，"张说以宰相兼朔方军节度使，先是，缘边戍兵恒六十余万。张说以时无强寇，奏罢二十余万，俱使还农。帝以为疑，说对曰：'臣久在疆场，具知其情，将帅苟以自卫，及役使营私而已，若御敌致胜，不必多拥冗卒，以妨农务。'帝乃从之"。可知是时边帅节镇，借口边防，多拥镇兵，以图自卫，众至六十余万。而国军主体之府兵，仅四十万人，数反逊于镇兵。于是反宾为主，故府兵日有废绝之势。

镇兵虽盛，然仅为边防之兵，内地犹是府兵也。及扩骑兴，而内地之府兵乃亦渐废矣。扩骑者，招募常练之卒以代府兵宿卫之称号。开元十年六月，始募兵充宿卫，而扩骑遂始。

其初,诸府卫兵,自成丁从军,年六十而免,其家不免杂徭,渐以贫弱,逃亡略尽,百姓苦之。宰相张说建议,请招募壮士充宿卫,不问各色徭役之人,不分良贱,亦不究其有罪逋逃,皆可应募,优为之制,如此则逋逃者必争出应募。帝从其言。旬日得精兵十三万,分隶诸卫,更番上下,兵农之分,自此始矣。

次年冬,始置长从宿卫。

帝命尚书左丞萧嵩,与京兆、蒲、同、岐、华诸州长官,选府官兵及白丁一十二万,谓之长从宿卫,一年两番,更代宿卫,州县不得役使。明年更号长从曰彍骑。又明年,始以彍骑分隶十二卫,总十二万为六番,每卫万人。十六年,又改彍骑为羽林飞骑。二十六年,又分羽林置龙武军。

由是中央宿卫亦用募兵,而旧日府兵为虚设无用。
自募兵兴而府兵衰微,募兵之势日盛。开元十六年冬十二月,立长征兵分番酬勋法。

敕云:长征无有还期,人皆难堪,宜分五番,岁遣一番还家洗沐,五年酬勋五转。

开元二十五年四月,募丁壮充长征军。

敕云:方隅底定,令中书门下,量军镇之闲剧利害,审计兵防定额,召募丁壮,长充边军,增给田宅,务加优恤。

可知开元末年,募兵盛兴,边兵尤重。节度使拥边兵以渐凌中朝,而朝廷误信边兵重要,疲全国之民力以养边兵,曾不稍警悟。史载:

天宝间,置十节度经略使以备边,凡镇兵四十九万人,马八万余匹。开元之前,每岁供边兵衣粮费不过二百万。天宝之后,益兵浸多,每岁用衣千二十万匹,粮百九十万斛。公私劳费,民始困苦矣。

可知府兵既废,边疆节度,募兵益盛,疲民养之,而唐以危亡。

府兵之完全废止,实在玄宗天宝之时。

天宝八年五月,始停折冲府上下鱼书。先是诸道折冲府,皆有木契铜鱼。木契者,刻木书契。铜鱼者,刻铜为符,作鱼形。契与鱼皆中剖为二部,以其左半付军府,其右半藏天府。朝廷征发,下敕书契鱼,都督郡府参验皆合,然后遣之。自募置扩骑,府兵日坏,死亡不补,器械耗散略尽。府兵入宿卫者,谓之侍官,言其为天子侍卫也。其后本卫多以假人,役使如奴隶,长安人羞之,至以相诟病。其戍边者,又多为边将苦使,利其死而没其财。由是民之应为府兵者皆逃匿,至是无兵可交。宰相李林甫遂奏停折冲府上下鱼书,是后府徒有官吏而已。扩骑之法,天宝以后,稍亦变废。应募者皆市井无赖子弟,未尝习兵。时承平日久,议者多谓中国兵可销。于是,民间挟兵器者有禁,子弟为武官,父兄实不齿。猛将精兵,皆聚于西北边,中国无武备矣。

由此观之,唐代天宝间府兵之亡,非仅亡府兵也,实并其开创经营之兵制而亡之也。府兵既亡,唐代遂有兵而无制。兵制既坏,藩镇遂起,唐代之基业遂覆,五代之大乱以兴,而民生涂炭矣。

肃宗至德二年冬,始置神武军。是时安史之乱方盛,天子宿卫,本赖府兵。府兵既废,宿卫益弱,乃取旧日从玄宗自马嵬北行之军,及从肃宗从灵武还京师之军,借此辈旧从之子弟,以充禁军。遂于旧日左右羽林、左右龙武之外,更置左右神武军,号为北牙六军。又择善骑射者十人,为殿前射生手,分左右厢,号曰英武军,此当为天子自强其禁旅之意。然其后德宗建中四年十月,泾原兵奉朱泚作乱，而禁兵乃徒有其名。

先是，白志贞募禁兵，东征死亡者皆不以闻，但受市井富儿赂而补之，名在军籍受给赐，而身居市廛为贩鬻。至是，泾原乱兵犯京师，帝召禁兵以御贼，竟无一人至者，帝乃帅宦官左右出奔。

盖府兵既亡，宿卫无方，中枢危弱，强藩劫制。故曰，唐之亡国，兵制先亡故。

观于孙樵《复佛寺奏》，可知府兵废后养兵之困难矣。其言曰：

开元之间，率户出兵，籍而为伍，春夏纵之家，以力耕稼，秋冬聚之府，以戒武事，如此则兵未始废于农，农未尝夺于兵，故开元之民力有余也。今天下常兵不下百万，皆仰食于平民，岁度其费，率中户五，仅能活一兵，如此则编户五百万不足以给之，故陛下之民力不足也。贞观以还，开元户口最繁盛，不能逾九百万，即今有问于户部，其能如开元乎？

《汉唐事笺》亦云：

田制既坏，府兵亦废，而唐常有养兵之困。孙樵云："率中户五，供给一兵，宿兵百万，必五百万户然后能当之。使唐常有五百万户，尽以给兵，其他用度，又将安取？况其数有不及者耶？"王彦威言："元和间兵数凡八十余万，长庆户三百五十万，而兵九十九万，率三户资一兵，是其为不足也。已居其五之二，况又有他经费，则民与国安得不俱贫耶？"

由此言之，唐自府兵废绝，而全国疲于养兵，此乱亡之渐也。

自玄宗废府兵后，历肃宗、代宗至德宗，而又有谋复府兵之意。德宗贞元二年九月：

帝与李泌议复府兵，泌言："府兵平日皆安居田亩，每府有折冲领之，农隙教战，有事征发，则以符契下州府参验发之。至所期处，将帅按阅，有不精者，罪其折冲，甚者罪及刺史。军还则赐勋加赏，行者近不逾时，远不经岁。高宗以刘仁轨为洮河镇守使，以图吐蕃，于是始有久戍之役。又牛仙客以积财得宰相，边将效之，诱戍卒使以所赍缯帛寄于府库，而苦役之，利其死而没入其财。故戍卒还者，什无二三，然未尝有外叛内侮者，诚以顾恋田园，恐累宗族故也。自开元之末，张说始募长征兵，兵不土著，不自重惜，忘身徇利，祸乱遂生。若使府兵之法不废，安有如此下陵上替之患哉?"帝以为然,诏置十六卫上将军,谋渐复府兵之制,然卒亦不能复也。

自贞元二年,德宗议复府兵。次年秋,"帝复问李泌以复府兵之策。泌对曰:'国家比遭饥乱,经费不充,未暇议复府兵也。'帝曰:'然则亟减戍卒归之如何?'泌曰:'陛下果用臣言,可不减戍卒,不扰百姓,粮食皆足,府兵亦成。'帝曰:'果能如是,何为不用?'泌曰:'吐蕃久居原兰之间,以牛运粮,粮尽,牛无所用。请发左藏恶缯,染彩市之,计十八万匹,可致六万余头。命诸冶铸农器,籴麦种,分赐缘边军镇,募戍卒,耕荒田而种之,约麦熟倍偿其种,其余据时价五分增一,官为籴之,来春种禾亦如之。沃土久荒,所收必厚,戍卒获利,耕者浸多,籴价必贱,名为增之,而实比今岁所减多矣。且边地官多阙,请募人入粟以补之,可足今岁之粮。'帝皆从之。因问曰:'卿言府兵亦集,如何?'对曰:'旧制,戍卒三年而代。今既因田致富,必不思归。及其将满,下令有愿留者,即以所开田为永业,家人愿来者,本贯续食遣之,不过数番,则戍卒皆土著,乃悉以府兵之法理之,是变关中之疲弊为富强也。'帝大悦,用其言。戍卒应募愿耕屯田者,什有五六"。就李泌所言,意在以屯田垦荒,为恢复府兵之法,使继续为之,或府兵可以渐复。然再越二年而李泌病卒,此议遂归消亡,而府兵终不可复,大势所趋,终莫能挽。

贞元十年,陆贽为相,论备边六失。所谓六失者,一曰措置乖方,二曰课责亏度,三曰财匮于兵众,四曰力分于将多,五曰怨生于不均,六曰机失于遥制,皆切中当时兵事弊害。而其论财匮一端云:

> 虏每入寇,将帅虚张威势,惟务征发益师,无裨捍御之功,重增供亿之弊。有司所入,半以事边,闾井日耗,征求日繁,可谓财匮于兵众矣。

其论课责亏度云:

> 自顷权移于下,柄失于朝,将之号令,既鲜克行之于军,国之典常,又不能施之于将。罪以隐忍而不彰,功以嫌疑而不赏。使忘身效节者,获诮于等夷;率众先登者,取怨于士卒;偾军蹙国者,不怀于愧畏;缓救失期者,自以为智能。可谓课责亏度矣。

凡此所陈,具见府兵废后,唐代军纪之恶,养兵之众,财力之敝,由乱而亡,殆非偶然。

自后,府兵既永不可复,而节镇之兵,亦愈趋败坏,多养私兵,骄暴难制。史载:

> 王智兴既得徐州,募勇悍之士二千人以自卫,号

为银刀、雕旌、门枪、挟马等凡七军，常令露刃坐两庑夹幕之下。其后节度使多儒臣，其兵浸骄，小不如意，一夫大呼，其众和之，节度使即自后门逃去。田牟至，与之杂坐，饮酒犒赐，日以万计，犹时喧哗，邀求不已。温璋代之，骄兵素闻璋性严，惮之。璋开怀慰抚，而骄兵终猜忌，竟聚噪而逐之。

于此可知，唐代节镇私兵之骄暴难制。自懿宗、僖宗以来，赋敛日急，人民流亡，相聚为盗，所在蜂起。州县兵少，民不习战，每与盗遇，官军多败。而庞勋、王仙芝、王郢、黄巢之徒，相继而起。僖宗乾符三年二月，"朝廷诏令天下乡村，各置弓刀鼓板，以备群盗"。则当时盗贼为患剧甚，而实由于府兵既废，故州郡之民，无备御之力。

黄巢之初起，本无直趋长安之志。初起山东，即窜淮泗，而入两浙，遂陷广东。是其自窜海隅，本无大志，及窥中原兵备废弛，乃复出湘鄂，东趋皖中，长驱入豫，径入长安。观其以一流寇，纵横南北，足知唐养兵虽众，曾无寸效。

僖宗广明元年十一月，黄巢渡淮，所过不虏掠，惟取丁壮以益兵，遂陷东都。帝对宰相泣下，田令孜奏募坊市数千人，以补两军。命选两神策弩手，得二千八百人，令张承范将之赴潼关。十二月，张承范发京师。神策军士皆长安富家子，赂宦官窜名军籍，厚得廪赐，未尝更战阵。闻当出征，父子聚泣，多以金帛雇病坊贫人代行，往往不能操兵，至潼关绝粮，遂大溃。

盖府兵废绝，乃募兵以充禁卫，而其败坏又复至此。虽无黄巢，唐安得不危亡耶？

《新唐书·兵志》曰：

唐有天下二百余年，而兵之大势三变。其始盛时有府兵，府兵后废，而为扩骑，又废，而方镇之兵盛矣。及其末也，强臣悍将，兵布天下，而天子亦自置兵于京师曰禁军。其后，天子弱，方镇强，而唐遂以灭亡者，措置之势使然也。盖府兵之制，居无事时耕于野。其番上者，宿卫京师而已。若四方有事，则命将以出，事解辄罢，兵散于府，将归于朝。故士不失业，而将帅无握兵之重，所以防微杜渐，绝祸乱之原也。及府兵法坏而方镇盛，武夫悍将，虽无事时，据要险、专方面，既有其土地，又有其人民、兵甲、财赋，以布列天下。然则方镇不得不强，京师不得不弱。夫置兵所以止乱，及其弊也，适足以为乱，又其甚也。至困天下以养乱，故兵之始重于外也。土地财赋，非天子有，及其盛也，号令征伐，非其有。其末也，至无寸土而不能庇其妻子宗族，遂以灭亡，可不哀哉！

其言可谓痛切著明矣。

第七节　唐末五代之兵制

唐末藩镇强盛，各私其兵，并各私其土地、财赋、人民，于是遂成五代之乱。盖中国历汉唐之盛，由是而衰。逮宋与明，不能复汉唐之盛轨，蒙古、满洲，相继入主。故五代之乱，非仅唐室之危亡，而汉族之盛衰系之，我国史之一重要枢纽也。

自黄巢灭后，朱温、李克用、秦宗权、李茂贞、杨行密等，相继称兵劫夺，中国元气大耗。其兵皆由多年节镇招募之卒，或则招抚寇盗以授军职，掠夺相寻，纲纪荡然，无兵制之可言。僖宗光启三年六月，李克用表张全义为河南尹。

初，东都累经寇乱，居民不满百户。全义选麾下十八人材器可使者，人给一旗一榜，谓之屯将，使诣十八县故墟落中，植旗张榜，招怀流散，劝之树艺，免其租税，由是民归之者如市。又选壮者教之战，以御寇盗。数年之后，都城坊曲，渐复旧观。诸县户口，率皆归复桑麻，蔚然野无旷土。其胜兵者，大县至七千人，小县不减二千人，为之置令佐以治之。

盖全义所为，犹有唐初民兵遗意，惜当时全国大乱，史称：

李罕之据泽州，专事寇掠。怀、孟、晋、绛数百里间，州无刺史，县无令长，田无麦禾，邑无烟火者，殆将十年。

又称：

杨行密入扬州，城中草根木实皆尽，民以草泥为饼食之。军士掠人，赴市肆卖之，驱缚屠割，流血满市。行密入城时，城中遗民仅数百家，无复人状。

然则是时之乱可想。张全义所为诚美，而仅限于一时一地，其效未宏。若得其人，扩而大之，则拨乱之道也。

昭宗乾宁四年，"王建奏，皇室诸王宜勒还其宅，妙选师傅，教以诗书，不令典兵预政。帝不得已，诏诸王所领军士并纵归田里。建又奏，所置殿后四军，显有厚薄偏

党,乞皆罢遣,诏亦从之,于是天子之亲军尽矣"。盖唐室之乱,至昭宗而极。天复二年,史称:

> 李茂贞劫帝入凤翔,朱温围之。城中冻饿食尽,死者不可胜计,或卧未死,肉已为人所割。市中卖人肉,每斤值百钱,犬肉值五百,帝以御衣及小皇子衣售于市以充用。十六宅诸王以下,冻饿死者日有数人。在内诸王及公主妃嫔,一日食粥,一日食汤饼,犹时有匮竭。

盖唐代自玄宗以来,兵制败坏,但务多建节镇,以图自强,渐使天下公养之兵,化为悍将大盗私斗自卫之用。而唐之帝室,亦食其报,至为惨酷。

唐末藩镇私兵,强横难制,纪律荡然,废立任意。其后统兵者不能堪,乃竟有借用他人兵力以屠自统之兵者,其祸患之烈可想。

> 唐昭宣帝天祐三年,罗绍威借朱温力,以屠自统之军。先是,田承嗣镇魏博,选募骁勇五千人为牙军,厚其给赐以自卫。自是父子相继,亲党胶固,日益骄横,小不如意,辄族旧帅而易之。自史宪诚以来,皆立于其手,罗绍威恶之,力不能制,密告朱温,欲借兵以诛之。会朱温女适绍威子者卒,温遂遣将,

实甲兵于橐中，选兵千人为担夫，入魏，诈云会葬，更以大军踵其后，牙兵不之疑。绍威潜遣人入库，断弓弦甲带，乃夜击牙兵，牙兵欲战，乃弓甲皆不可用，遂聚而尽屠杀之。凡牙兵八千家，婴孺无遗。

此足见唐末兵祸之烈。世惟闻有张己军以攻他人者，未闻有借他人军以屠自己者，而罗绍威竟为之。兵犹火也，不戢自焚，乃至于此。

五代争战，皆用招募之兵，然有时因兵力不足，亦常强制其境内人民以充军役。

天祐三年九月，朱温以兵围沧州，刘仁恭以兵拒之。仁恭下令，凡境内男子，年在十五以上，七十以下，悉自备兵粮诣行营。兵士皆文其面，曰定霸都，士人则文其臂，曰一心事主。得军十万，阵于瓦桥。

此五代籍民强服兵役之一证也。然刺面臂为文字，尤征残虐。又史称：

后唐废帝李从珂清泰三年十月，诏大括天下将吏及民间马，又发民为兵，以拒契丹。每七户出征夫一人，自备铠仗，谓之义军。期以十一月俱集，用张延朗之谋也，凡得马二千余匹，征夫五千人，实无益于用,而民间大扰。

又史称:

晋出帝石重贵开运元年三月,诏籍乡兵,每民间
七户,共出兵械资一卒,号曰武定军。时兵荒之余,
复有此扰,民不聊生。

凡此等强籍民以为兵,非有良法以经制,徒以暴力迫
虐,苟且一时。人民既有畏迫之苦,国家亦无尺寸之效,
不能以民兵美名自饰其恶也。

后唐废帝李从珂弑闵帝从厚而自立,其得位盖由兵
士之拥戴。

帝初举兵,许军士入洛阳时,人给百缗。及入
洛,府库金帛不过三万,而赏军计须五十万缗。于是
百方以敛民财,仅得六万。帝怒,下军巡使狱,昼夜
督责,囚系满狱,贫者至自经赴井,而军士游市肆,皆
有骄色。市人聚诟之曰:“汝曹为主,自当赴战,反使
我辈鞭胸杖背,出财为赏,汝曹犹扬扬自得,不愧天
地乎?”是时,竭府库旧物及诸道贡献,乃至太后太妃
器服簪珥皆出之,才及二十万缗。帝患之,李专美
曰:“自长兴之季,赏赉亟行,卒以是骄,虽有无穷之

财,终不能满骄卒之心。夫国之存亡,不专系于厚赏,而在修法度,立纪纲。今财力尽此,宜据所有均给之,何必践初言乎?"帝然其言,诏诸军早归命者,赐钱七十缗至二十缗,在京者各十缗。兵士无厌,犹怨望,为谣言曰:"除去菩萨,扶立生铁。"以闵帝仁弱,唐主刚严,有悔心故也。

盖是时,得兵者得位,故兵亦骄横,如养骄子,兵愈横则国亦愈乱危。五代之帝,皆一时胡酋盗魁,乘时篡窃,但知拥兵敛财,自固权位,未尝有安天下之略。所谓修法度,立纪纲,非所语于此辈。

晋王石重贵为契丹所俘,契丹纵兵大掠,遣使刮借食钱帛。及契丹返国,人民各集聚山谷间以自保。天福十二年三月,河东节度使刘知远称帝,遣使安集农民之保山谷,以避契丹者。盖听聚集众,加以安抚,不令遣散。因民之聚集自保,以固边邑也。王夫之论云:

> 兵聚而散之,平天下者之难也。无仁慈之吏以抚之,无宽缓之政以绥之,无文教之兴以移之,则夫习于骄悍,狃于坐食者,使之耕耘,不奈耰锄之劳,使之工贾,不屑锱铢之获,朵颐肥甘,流连饮博之性,梦寐寄于行间。小有骚动,触其雄心,则如螽蝗之蔽日,无有能御之者也。罢之也亦问其何所消归耶?而抑不为之

处置，无赖子弟，业已袴褶自雄于乡里，无有余地可置。此生能聚不能离，为盗而已矣。石敬瑭父子之为君，虚中国以媚虏，纵骄帅以称兵。而草泽之间，能朝耕而暮织夫？民不富不足以容游惰之民，国无教不足以化犷戾之俗。自非光武，则姑听其著伍以待其气之渐驯，而后使自厌戎行以思返，乃可得而徐为之所。刘知远安集民之保山谷者，定其志气，以渐思本计。自是以后，盗乃渐息。集之也，故贤于散之也。

盖立国而能以良法经制，则众安而务本业。不幸世乱而众聚，若强迫散之而无良法以经制，则愈以构乱，不如听其暂集之为愈。王夫之论刘知远此事，可为后世言裁兵者所取鉴也。

自唐天宝间府兵废后，言兵者皆出于招募。然唐季诸帝，犹时谋复旧制，故倡为屯田，以作恢复府兵制度之基本。至五代时，周太祖郭威广顺三年，乃并营田废之。自是非但唐代府兵之制不复，即屯田之制亦不复矣。史称：

> 前世屯田，皆在边地，使边疆戍兵佃之。唐之末年，中原宿兵所在，亦皆置营田，以耕旷土，其后又募高赀户，使输课佃之，户部别置官司总领，不隶州县，或丁多无役，或容庇奸盗，州县不能诘。周主素知其弊，诏悉罢之，以其民隶州县，田庐牛具，并赐与现佃者为永业。

盖唐之置营田,犹存兵农合一之遗意,迄五代犹存其制,而浸失原意。郭威废营田以为民田,在矫当时之弊。自府兵废,而兵农之界遂分。自郭威废营田,而兵农之界,尤判然不可混合。于是募兵之制,乃相沿以及今日。

募兵之制,在募集骁健常练之士,以供战斗。若能善为简阅,精选材能,以成精锐,以视民兵征集之迂缓,自犹可收一时之效。周世宗柴荣颇知此意,显德元年十月,周简阅诸军,募壮士以充宿卫。初,宿卫之士,累朝相承,务为姑息,不欲简阅,恐伤人情,由是老弱居多。但骄蹇不用命,实不可用,每遇大敌,不走即降,其所以失国,多由于此。周主因高平之战,始知其弊,谓侍臣曰:

> 凡兵务精不务多,今以农夫百,未能养甲士一,奈何朘民之膏血,以养此无用之物乎?且健懦不分,众何所劝?

乃命大简诸军,精锐者升之上军,老弱者斥去之。又以骁勇之士,多为诸道所蓄。诏募天下壮士,咸遣诣阙,命赵匡胤选其尤者,为殿前诸班。其骑步各军,各命将帅选之。由是士卒精强,近代无比,征伐四方,所向克捷,皆选练之力也。可知五代以来,广行招募,兵质滥恶。周世宗及宋太祖两雄相继,虽以募兵定天下,然非大行选阅,兵质由恶返良,何能成统一之功耶?

下编　近代之民兵

第八节　宋代之兵制及保甲法

宋太祖赵匡胤，以节度使随周世宗多经战阵，遂成一统。盖周世宗自高平之战后，即知非简练劲旅，不足以事征伐。及匡胤即帝位，复踵行之。太祖乾德三年八月，诏选诸道兵，入补禁卫。

先是，宋主诏殿前侍卫二司，各阅所掌兵，拣其骁勇者，升为上军。至是，命诸州长史，择本道兵之骁勇者送都下，以补禁旅之缺。又选强壮之卒，定为兵样，分送诸道，召募教习，俟其精拣，即送阙下。复立更戍法，分遣禁旅，戍守边城，使往来道路，以习勤苦，均劳逸。自是将不得专其兵，而士卒不至于骄惰，赵普之谋也。

盖宋初承五代之旧,兵用招募,而精练勤阅,厘然有制,复能渐革自唐末以来将帅各私其兵之陋习,搜简骁健,乘隙扫除,故能将五代破碎之局,重使完整,复归统一。

《宋史·兵志》云:

太祖、太宗平一海内,惩累朝藩镇跋扈,尽收天下劲兵,列营京畿,以备藩卫。其分营于外者曰就粮。就粮者,本京师兵,而便廪食于外,故听其家往。其边防要郡,须兵屯守,即遣自京师。诸镇之兵,亦皆戍更。真宗、仁宗、英宗嗣守其法,益以完密。于时天下山泽之利,悉入县官,以资廪赐;将帅之臣,入奉朝请,以备指纵;犷悍之民,收隶尺籍,以给守卫。兵无常帅,帅无常师,内外相维,上下相制,等级相轧,虽有暴厉恣睢,无所措于其间,是以天下宴然,逾百年而无犬吠之警,此制兵得其道也。

由此言之,宋初兵制之根本意义,在废私人专有之兵,以矫节镇弄兵之弊。盖唐宋二代,立制之本意不同。唐代备兵,在御外侮,宋代备兵,在防内乱。故唐制建藩以卫国,宋制强干以弱枝。

宋代之兵,制分四种:一曰禁兵,二曰厢兵,三曰乡兵,四曰蕃兵。《宋史·兵志》所记,略如下表:

禁兵	天子卫兵也	总于殿前侍卫二司	除扈从者外,余皆番戍诸路,有事即以征讨
厢兵	诸州之镇兵也	留本州城	虽或戍更,然少教阅,类多给役而已
乡兵	选自户籍,或土民应募,所在团结训练以为防守之兵也	地方土兵	河东、河北有神锐忠勇强壮,河北有忠顺强人,陕西有保毅寨户弓箭手及义军义勇,川陕有土丁,湖南有弩手,广南东西有枪手,有溪峒土丁
蕃兵	塞下内属诸部落,团结以为藩篱之兵也	边塞夷户之兵	西北边羌、戎部落,不相统一,保寨者谓之熟户,余谓之生户

上为宋代兵制大略。宋代之兵,盖完全用招募之制者也。无论禁兵、厢兵,皆用募卒。其乡兵亦系募集地方骁健,赐以勇号。蕃兵则边地夷卒,犹今日土司之兵。要之,皆出于招募,皆非民兵。盖自府兵废而民兵绝,重以五代之乱,古制遂不能恢复。《宋史·兵志》云:

召募之制,起于府卫之废。盖籍天下良民以讨有罪,三代之兵与府卫是也。收天下犷悍之兵以卫良民,今召募之兵是也。自国初以来,其取非一途,或十人就在所团立,或取营伍子弟听从本军,或乘岁凶,募饥民补本城,或以有罪,配隶给役。是以天下失职犷悍之徒,悉收籍之。骁健者迁禁卫,短弱者为

厢军，制以队伍，束以法令，平居食俸廪，养妻子，备
征防之用。一有警急，勇者力战斗，弱者给漕挽。则
向之天下失职犷悍之徒，今为良民之卫矣。

按此所论，足觇宋代立军之本意。然收天下失职犷
悍之徒，以为良民之卫，彼且津津焉以自诩为募兵制度之
优点，岂知兵质不良，殊非国家之利，安能逮民兵制之万
一哉？

唐宋两代，立军不同。唐用府兵，民兵也。宋用募
兵，故与唐制殊异，全用募兵，则养兵之费特巨。《宋史·
兵志》云：

廪给之制，总内外厢禁诸军且百万，言国家费最
巨者，宜无出此。虽然，古者寓兵于民，民既出常赋，
有事复裹粮而为兵。后世兵农既分，常赋之外，山泽
关市之利，悉以养兵。然有警则素所养者捍之，民宴
然无预征役也。世之议者不达，乃谓竭民赋税，以养
不战之卒，糜国帑廪，以优坐食之校。是岂知祖宗所
以优役强悍、销弭争乱之深意哉？

观此可知，凡行募兵制之国，则养兵之费特巨。宋代
立军，鉴于五代之乱，意在禄养强悍之民，以弭争乱，非根
本良制也。

宋代兵制，定于太祖。盖取强干弱枝之义，采居中驭外之势，故最以中央禁兵为重，而以地方厢兵为轻，常甄选地方之骁健以补中央，而有所谓"拣选"之法。故中央禁兵恒强，地方厢军恒弱。而禁军又分为三级：初级者为禁军，更高级者为上军，最高级者为班直，以拣选升补之。《宋史·兵志》云：

> 拣选之制，自厢军升禁军，禁军升上军，上军升班直。凡升上军及班直者，皆临轩亲阅，自非材勇绝群，不以应召募，余皆自下选补。

由此可见，宋代层次选补之制，应募骁健之士，历次升补，至于班直，是为殿廷宿卫之士，如士子之历试补官然，可谓极居中驭外之能事。然兵以卫国，今精锐萃于中央，而地方听其寡弱，是以女真、蒙古席卷中原，则宋制诚不足法也！

宋代虽全行募兵之制，而有时仍籍民为兵，号曰募卒，复近征集。

> 太宗雍熙四年夏四月，帝将大发兵讨契丹，遣使募兵于河南北四十余郡，凡八丁取一，以充义军。京东转运使李维清曰："若是，天下不耕矣。"三上疏争之，李昉等亦相率言。河南之民，罔知战斗，或虑人

情摇动,因而为盗,非计之得,乃诏独选河北,而诸路悉罢。

是宋太宗八丁选一之规定,虽曰募而实似征也。

宋初禁兵,专备宿卫,非但妙选骁健,且更择其躯干长大者。

至道元年六月,以李继迁为鄜州节度使。继迁使押牙张浦,以良马橐驼来献。帝令卫士,射于后园,令浦观之。士皆拓两石弓有余力,帝笑问浦曰:"羌人敢敌否?"对曰:"羌部弓弱矢短,但见此长巨人,则已遁矣,况敢敌乎?"

是知宋廷禁卫之军,皆选伟岸之躯干。禁军武技,特为精练。通行之宋元时代小说《水浒传》,屡称某人曾为"八十万禁军教头",则禁军之精于击刺可知。

宋代兵制,既重在强干弱枝,故于备边之道,殊为失策。盖边患兴则增益边兵,边患减则裁削边兵,直无一贯之国防政策。

景德元年冬十二月,帝渡河,次澶州,契丹请盟而退。二年,春正月,以契丹讲和,大赦天下,放河北诸州强壮归农,罢诸路行营,省河北戍兵十之五,缘边三之二。诏缘边无得出境掠夺,得契丹牛马,悉纵还之。

盖真宗既与契丹订盟于澶渊,遂弛边备。乃不过三十余年,北之契丹稍宁,而西之西夏又亟,既弛于北防者,又张于西防。

仁宗庆历元年八月,韩琦上言,请于鄜、庆、渭三州,各更益兵三万人,拔用有勇略将帅,统领训练,预分部曲,远斥堠西,贼一有举动,则先据要害,观利整阵,并力击之。又于贼未集之时,出已整之兵,浅入大掠,招其种落,筑垒拓地,别立经制。朝廷倾内帑三分之一,分助边用,使行间觇贼。如此,则二三年间,贼力渐屈,平定有期矣。帝诏可,以韩琦、王沿、范仲淹、庞籍兼经略安抚招讨使。

观此足知,宋代边防之忽张忽弛也。

仁宗庆历二年,益注意于乡兵之设置。是年二月,"诏选河北诸州强壮者,为义勇军,皆刺手背为'义勇'字。各营于其州,给以俸廪,分番训练,不愿者释之。寻又刺陕西、秦凤路义勇为保捷军"。然皇祐元年八月,又诏议省兵。

时文彦博、庞籍建议,请汰诸路兵,帝以为疑。彦博、籍共奏曰:"公私困竭,正坐冗兵,果有患,臣请死之。"帝意遂决。于是简汰陕西及河北诸路赢兵,为民者六万,减廪粮之半者二万。又诏减陕西兵,屯内地,以省边费。

盖宋当真宗、仁宗之世,颇求苟安。旧日禁军、厢军,俱渐疲弱,而捍卫边陲,不得不就边地募集义勇,又虑民之不乐为兵,乃不免出以强制。边患稍弭,则又沙汰之,以节糜费。故论宋代兵制,虽府兵久废,而民兵之遗意,犹存于乡兵及保甲。

仁宗、英宗之间,屡刺陕西、河北之民为兵,以防边患。然旋举旋废,故不得民兵之效。

英宗治平元年冬十一月,韩琦言:"唐置府兵,最为近古。今之义勇,河北几十五万,河东几八万,勇悍纯实,若稍加简练,亦唐之府兵也。河东、河北、陕西三路,当西北控御之地,事应一体。今若于陕西诸州,刺手背以为义勇,甚便。"帝乃命徐亿等,往籍陕西主户三丁之一刺之。凡十五万六千余人,人赐钱二千,民情惊扰,而纪律疏略,不可用。知谏院司马光上疏力谏,不听。光至中书,与韩琦辩。琦曰:"兵贵先声,西贼方桀骜,使骤闻益兵二十万,岂不震慑?"光曰:"兵贵先声,为其无实也,独可欺于一日之间耳。今吾虽益兵,实不可用。不过十日,彼当知其详,尚何惧?"琦不从。

盖宋至仁宗、英宗之世,惟赖乡兵防边。韩琦欲因乡兵以规复唐代府兵之旧制,其用意甚善。司马光力争以为不能用,不知宋代民兵之所以不能用,正缘宋廷或举或废,旋兴旋罢,苟有常法以为经制,安见其不能用耶?

《宋史·兵志》云:

乡兵者,选自户籍,或土民应募,在所团结训练,以为防守之兵也。自西师屡挫,正兵不足,乃籍陕西之民,三丁选一,以为乡弓手。庆历二年,籍河北强壮,拣十之七为义勇,河东拣籍如河北法。其后,议者论义勇为河北伏兵,以时讲习,无待储廪,得古寓兵于农之意。惜其束于列郡,止以为城守之备。诚能令河北邢、冀二州,分东西两路,命二郡守分领,以时阅习,寇至,即两路义勇翔集赴援,使其腹背受敌,则河北三十余所常伏锐兵矣。诏下其议,河北帅臣李昭亮等议曰:"昔唐泽潞留后李抱真,籍户丁男,三选其一,农隙则分曹角射,岁终都试,以示赏罚,三年皆善射,举部内得劲卒二万。既无廪费,府库益实,乃缮甲兵为战具,遂雄视山东。是时,天下称昭义步兵冠于诸军,此近代之显效,而或谓民兵只可城守,难备战阵,非通论也。但当无事时,便分义勇为两路,置官统领,以张用兵之势,外使敌人疑而生谋,内亦摇动众心,非计之得。姑令在所点集训练,二三年间,武艺稍精,渐习行阵,遇有警,得将臣如抱真者统驭之,制其阵队,示以赏罚,何敌不可战哉?"诏如所议。

观此,知宋代乡兵,饶有府兵遗意。西北三路,河北较先较优。河东、陕西,施行较后,精练亦稍逊之。而韩琦、李昭亮等,皆主张最力者,司马光则反对最力者。

司马光之反对意见曰:

议者谓河北、河东,不用衣廪,得胜兵数十万,阅教精熟,皆可以战。又兵出民间,合于古制。臣谓不然。彼数十万,虚数也;阅教精熟者,外貌也;兵出民间者,名与古而实异。盖州县承朝廷之意,止求数多,阅教之日,观者但见其旗号鲜明,钲鼓备具,行列有序,进退有节,莫不以为真可以战。殊不知彼犹聚戏,若遇敌则瓦解星散,不知所之矣。古者兵出民间,农桑所得,皆以衣食其家,故处则富足,出则精锐。今既赋敛农民粟帛以给正军,又籍其身以为兵,是一家而给二家之事也。如此,民之财力,安得不屈？臣愚以为河北、河东已刺之民，犹当放还，况陕西未刺之民乎？

观司马光之意见，盖以宋代行募兵之制已久，安常习故，不信民兵之果能应战，是以惮于改弦更张。然唐代府兵，成效未远，民兵经积久精练，远胜召募之卒。事实具在，光之持论，未为宏达。至于农民既出粟帛以养募兵，又须自身再任乡兵，此等二重赋役，未为妥善，光言不为无见，亦自有其理由。

宋初太祖、太宗时代，重在禁兵、厢兵。仁宗、英宗时代，重在乡兵、义勇。至神宗时，而保甲之制始兴。向之言乡兵者，至是乃竞言保甲。盖乡兵重在防边，而保甲重在安内，乡兵仅备非常，而保甲尤重平时，其用不同，而制度实相近似。神宗熙宁三年冬十二月，始立保甲法。《宋史·兵志》云：

王安石言：先王以农为兵，今欲公私财用不匮，为宗社长久计，当罢募兵，用民兵，宜行保甲法。帝从其议，始联比其民以相保任。乃诏畿内之民，十家为一保，选主户有干力者一人为保长。五十家为一大保，选一人为大保长。十人保为一都保，选为众所服者为都保正，又以一人为之副。凡主客户两丁以上，选一人为保丁，附保两丁以上，有余丁而壮勇者，亦附之。内家资最厚、材勇过人者,亦充保丁,授之弓弩,教之战阵。每一大保,夜轮五人警盗,凡告捕所获,以赏格从事。同保犯强盗、杀人、强奸、略人、传习妖教、造蓄蛊毒,知而不告,依律伍保法。余事非干己,又非敕律所听纠,皆毋得告。虽知情,亦不坐。若于法为邻保合坐罪者,乃坐之。其有居停强盗三人,经三日,保邻虽不知情,亦科以失觉之罪。凡有逃移或死绝者,或同保不及五家者,则并入他保。凡有自外入保者,则权为同保。户数足,则暂附入之,俟及十家,则别成一保,置牌以书其户数及姓名。遂先行于畿甸,复推行于永兴、秦、凤、河北东、西五路,以达于天下。

按,此为王安石创始之保甲法,自北宋相缘迄今。其推行之初意,固在禁暴诘奸,捕盗贼,相保任,而未尝肄以武事。至次年,乃诏畿内壮丁,肄习武事。

第一等者,天子亲阅视之,命以官。二等至四等,加恩有差。五年,诏主户保丁,分番隶巡检司,十日一更。其永兴五路,肄习如畿内,惟不上番。余路止相保任,毋习武艺。凡保甲,先隶司农,八年,改隶兵部,其政令则听于枢密。至元丰二年,又立开封府界,集教大保长。法艺成,乃立教法,以大保长为教头,使教保丁。其法自府界推之诸路,各置文武官一人提举。

盖保甲于比户相为保任之外,兼习武事,非仅自治滥觞,而亦农兵遗意。

《宋史·兵志》载王安石论保甲之语甚多。

> 帝尝谓府兵与租庸调法相须,安石则曰:"今义勇土军,上番供役,既有廪给,则无贫富,皆可以入卫出戍。虽无租庸调法,亦自可为。第义勇皆良民,当以礼义奖养。今皆倒置者,以涅其手臂也,教阅而糜费也,使之运粮也,三者皆人所不乐。今欲措置义勇,皆当反此,使害在于不为义勇,而利在于为义勇,则俗可变而众技可成。臣愿择乡间豪杰,稍加奖拔,则人自悦服。"

观此,则乡兵末流之敝,而王安石殆欲以保甲矫之也。

《兵志》又云:

> 帝又言节财用,安石言减兵最急。帝曰:"比庆历时,已甚减矣!"安石曰:"精训练募兵,而鼓舞三路之民习兵,则兵可省。臣以为倘不能理兵使稍复古

制,则中国无富强之理。陛下若欲去数百年募兵之
敝,则宜果断,详立法制,令本末备具。不然,无补
也!"文彦博等以为土兵难使千里出戍。安石曰:"前
代征流求,征党项,岂非土兵乎?"帝曰:"募兵专于战
守,故可恃,至民兵则兵农之业相半,可恃以战守
乎?"安石曰:"唐以前未有黥兵,然亦可以战守。臣
以为募兵与民兵无异,顾将帅如何耳。有将帅,则不
患民兵不为用矣!"

又曰:

　　保甲非特除盗,固可渐习为兵。既人皆能射,又
为旗鼓,变其耳目。且约以免税上番,代巡检兵,能
捕贼者奖之。则人竞劝,然后使与大兵相参,则可以
销募兵骄志,且省财费,此宗社长久之计。

又曰:

　　征伐为府兵为近之,今舍已然之成宪,而乃守五
代乱亡之余法,其不足以致安强无疑。然人皆恬然
不以因循为可忧者,所见浅近也!

又曰:

当减募兵之费，以供保甲。所供保甲之费，才抵养兵十之一二。既有保甲代其役，即不须募兵。今京师募兵，逃死停放，一季乃数千，但勿招填，即为可减。然今厢军既少，禁兵亦不多，臣愿早训练民兵。民兵成，则募兵当减矣。

观此，知王安石之卓识远见为何如。其创保甲，将以复民兵之旧。惜阻之者至力，疑之者至众，使安石之原意，终不能毕达。保甲虽成，而募兵终不克废止，府兵亦无由规复也。

王安石保甲法，赖神宗笃信不疑，乃得推行。然反对之者亦力，司马光其最著者也。司马光请罢保甲法，载《宋史·兵志》。元祐间，保甲法果经一度之废止，历时凡十五年。《兵志》云：

绍圣二年七月，帝问义勇、保甲之数。宰臣章惇曰："义勇自祖宗以来旧法。治平中，韩琦请遣使诣陕西，再括丁数添刺。熙宁中，先帝始行保甲法，府界三路，得七十余万丁，设官教阅，始于府界。众议沸腾，教艺既成，更胜正兵。元丰中，始遣使遍教三路。先帝留神按阅，艺精者厚赏，或擢以差使军将名目。而一时赏赉，率取诸封桩，或禁军阙月，或尝费户部一钱。元祐弛废,深可惜也。"

又云:

> 曾布奏曰:"熙宁中教保甲,臣在司农。是时,诸县引见保甲,事艺精熟。有力之家子弟,皆欣然趋赴。及引对,所乘皆良马,鞍鞯华楚。马上事艺,往往胜诸军,以此上下皆踊跃自效。"十一月,蔡卞劝上复行畿内保甲教阅法,曾布进皇畿内保丁二十六万,熙宁中教事艺者凡七万,因言此事固当讲求,然废罢已十五年,一旦复行,当施以渐,则人不至于惊扰。蔡卞曰:"熙宁初,人未知保甲之法,今耳目已习熟,自不同矣。"

又云:

> 政和三年四月,枢密院言:"神宗制保甲之法,京畿三路聚教,每番虽号五十日,其间有能勤习弓弩该赏者,首先拍放。一岁之中,在场教阅,远者不过二十七日,近者止于十八日而已。若秋稼灾伤,则免当年聚教。如武艺稍能精熟,则有及犒赏之法。行之累年,人皆乐从。"八月,枢密院言:"诸路团成保甲者六十一万余人,悉皆乐从无扰。"

盖王安石保甲法，始行于神宗熙宁三年，至元丰八年哲宗即位而废止，至哲宗绍圣二年而又恢复行之，迄徽宗政和三年而始为人所安习，不复有反对者，凡阅时四十四年，其制度始获确立。虽未能复府兵之旧，而相沿至今，实为近代团练制度所托始。王安石之功，固不可没也。

北宋至徽宗、钦宗，国势危殆，金兵于靖康元年围汴京。

二年，宋廷遣陈过庭至河北、河东，谕两河民降金，民坚守不奉诏。

盖两河之民，久习于乡兵保甲，颇知战守也。

靖康中，张所以蜡书冒围，募河北兵。士民得蜡书，喜曰："朝廷弃我，犹有一张察院能拔而用之。"应募者十七万人。由是，所声振河北。

可知两河人民之能效命。

建炎元年六月，帝以李纲为御营使。纲奏曰："今河东所失者，恒、代、太原、泽、潞、汾、晋，河北所失者，真定、怀、卫、浚，其余诸郡，皆为朝廷守。两路士民兵将，皆推豪杰以为首领，多者数万，少者不下

万人。朝廷不因此时置司遣使，以大抚慰之，分兵以
援其危急，臣恐粮尽力疲，坐受金人之困，虽怀忠义
之心维迫无告，必且愤怨朝廷。金人因得抚而用之，
皆精兵也。莫若于河北设招抚司，河东置经制司，择
有才略者为之，使宣谕天子威德，所以不忍弃两河于
敌国之意。有能复一州、复一郡者，以为节度防御团
练使，如唐之方镇，使自为守。非惟绝其从敌之心，
又可资其御敌之力，使朝廷永无北顾之忧，最今日之
先务也。"

可知，当时河北、河东之民，可资以应敌。

　　李纲立军法，五人为伍，伍长以牌，书同伍四人
姓名。二十五人为甲，甲正以牌，书伍长五人姓名。
百人为队，队将以牌，书甲正四人姓名。五百人为
部，部将以牌，书队将正副十人姓名。二千五百人为
军，统制官以牌，书部长正副十人姓名。招置新军，
及御营司兵，以此法团结。又招陕西、山东诸路帅
臣，并以此法，互相应援，有所呼召使令，按牌以遣。

盖河北、河东之民，既团结自保。李纲所立军法，实
欲部勒义勇，以供军用。

南渡之初，两河人民，团结以御金人，始终不屈。当

时所谓之"两河忠义",实为一代表民兵之名词。史载：

> 建炎元年九月，都统制王彦，率岳飞等十一将，众七千人，渡河，进次太行，遣腹心结两河豪杰。时忠义民兵首领傅选、孟德、刘泽、焦文通等皆附之。众十余万，绵亘数百里，皆受彦约束，金人患之。

此两河民兵之附于王彦者也。又载：

> 建炎二年二月，河北杨进，聚众三十万。丁进、王再兴、李贵、王大郎等，拥众各数万，往来京西、淮南、河南、河北，所在侵掠。宗泽遣人谕以祸福，悉招降之。有王善者，河东巨寇也，拥众七十万，欲据京城。宗泽单骑至善营，泣谓之曰："朝廷危难之时，使有如公一二辈，岂复有敌患乎？今日乃汝立功之秋，不可失也！"善感泣曰："敢不效力！"遂解甲降。

此两河民兵之附于宗泽者也。凡此所谓"两河豪杰，太行忠义"，大率皆北宋时施乡兵保甲之法于两河，人皆习兵，遂养成民兵之武力。宋廷如善用之，当可资以抗金，进图兴复。惜主之者李纲罢黜，宗泽忧死，宋廷安于南渡，轻弃北方，遂终无成效。然乡兵、保甲之为用如此，又事实之不可诬者。

北宋保甲之制，南渡后仍其旧。史载：

> 建炎四年十二月，定差役法。以二十五家为一保，十大保为一都，内选才勇物力最高者二人，充都保，主一都盗贼烟火之事，一年得替。其次有保长，二年得替。又有户长，主催一都人户夏、秋二税。太学生及得解经省试者，许募人充役。军丁、女户及孤弱，悉免。

可知保甲之制，至南宋而仍推行。

南宋诸将，大率招抚群盗以成军。宗泽之抚降王善等，固已导其先路。

> 绍兴二年二月，以降盗崔增、李捧、邵青、李振、赵延寿、单德忠、徐文等所部兵，分为七军，号为御前忠锐军，隶步兵司，非枢密奉旨，不许调遣。

而当时名将如岳飞，讨平江、广群盗，收李成、杨太之众数十万，又收梁兴之兵，当时所号为"太行忠义社"者。韩世忠亦收抚曹成之众。盖南宋立国于仓猝之际，中兴诸将，大率收抚盗寇，编勒为军，终能抵抗金人，奠安半壁。其所收盗寇，亦大都为当时义勇民兵之变相。

高宗绍兴二十九年，实为金帝完颜亮之正隆四年，亮谋南侵。

遣使籍诸路明安部族，及契丹奚人，不限丁数，悉籍为兵。又签中都、南都、中原、渤海丁壮，年二十以上，五十以下者，皆籍之，凡二十七万。虽亲老丁多，求一子留侍，亦不听。

是金亮之南侵，亦籍民为兵。然无法度以为经制，亦部落之遗俗而已。至绍兴三十一年，中原义民之在北方者，乃乘时举反金之帜。史称：

宿迁人魏胜，多智勇，常应募为弓箭手，居山阳，及金人籍诸路民为兵。胜跃曰："此其时也。"聚义士三百渡淮，复海州，擒金将高文富。胜遣人谕怀仁、沭阳、东海诸县，皆定之，乃蠲租税，释罪囚，发仓库，犒战士，分忠义士为五军，纪律明肃如宿将。又益募忠义，以图恢复，远近闻之响应，旬日得数千。其将董成入沂州，败金援兵，军声益振，山东之民，咸来附。

又云：

绍兴三十一年八月，高平人王友直，结豪杰举兵,得众数万,制为十三军,进攻大名,克之。

又云:

> 绍兴三十二年,完颜亮死。山东人耿京起兵,复
> 东平。是时中原豪杰并起,京遣其将辛弃疾,奉表诣
> 行在。

凡此所述,皆忠义之士,有志匡复,因以民兵举义。
苟宋廷能因势以图中原,未尝无恢复之望,惜宋高宗不足
以语此。

南宋偏安半壁,两淮遂为边防所在。

> 孝宗乾道五年正月,陈俊卿奏,以两淮备御未
> 设,人无固志,万一寇至,仓猝调兵,恐不及事。请于
> 扬州、和州,各屯三万人,仍籍民家,三丁者取其一,
> 以为义兵,授之弓弩,教以战阵。农隙之日,给以两
> 月之食,聚而教之。沿江诸郡,亦用其法。诸将渡
> 江,则使之城守,以备缓急,且以阴制州兵颉颃之患。
> 其两淮诸郡守臣,但当择才,不当复论文武,略其小
> 过,责其成功。要使大兵屯要害必争之地,待敌至而
> 决战,使民兵各守其城,相为犄角,以壮声势。帝意
> 亦以为然,诏即行之。然竟为众请所持,俊卿寻亦去

位,不能及其成也。

按:陈俊卿所陈两淮边备,着重民兵,仍是北宋时两河、陕西之旧法,所见甚是。孝宗不能行之,南宋所以终亡于北胡也!

南宋自孝宗以后,殆无可记,若光、宁、理、度诸帝,皆庸劣不能有为。民兵既无所闻,武备殆全弛废。若赵范、赵葵、孟珙、吕文德、李廷芝诸将,大率勉能备御。其时金国亦渐衰敝,无南侵之能力。蒙古则方事远征西域,未能先图华夏。南宋诸帝,遂得苟延残喘,幸缓须臾,仅获暂安。不旋踵而蒙古灭金,宋廷且遣兵以助蒙古,汴梁既覆,临安亦随之。于是,华夏之全部山河,自三代、秦汉以来,辛苦支拄于不坠者,一旦尽入于北胡之手。

两宋兵制,除禁军、厢军,悉出于招募者外,其民兵之可征者,惟在乡兵与保甲。北宋时之捍卫三边,南宋时之忠义豪杰,大率食乡兵与保甲之赐也。宋人乡兵之制,散漫无纪,兴辍无常,迥非如唐人府兵之条理整然,卓有系统。然保甲之制,则颇厘然一贯,善乎!王安石之语曰:"倘不能理兵使稍复古制,则中国无富强之理。"又曰:"陛下若欲去数百年募兵之敝,则宜果断,详立法制,令本末备具。不然,无补也。"使宋人能详立法制,理兵使稍复古制,而本末备具,虽复睹汉、唐之盛轨可也。又安得宛转于女真、蒙古刀俎之下,终召覆亡,以启近世之黑暗哉?

第九节　元代之兵制

元以蒙古部族，崛起一隅，武力之伟大强盛，史所罕有。其军行所至，横绝亚欧，震骇百国。考其立军之法，实以蒙古部族之军为骨干，而以其他归附部族之军为枝叶。枝干相扶，遂建大业。其兵制有可言者，盖未尝不符合于民兵之本意。

《新元史·兵志》云：

> 蒙古旧制，家有男子，十五以上，七十以下，无众寡，皆为兵。

又云：

> 蒙古起朔方，兵制简易。部众自十五岁以上，七十岁以下，尽佥为兵。

又云：

元初用兵四方，士卒以私财自赡，贫者助以贴户，故上无养兵之费，而兵易足。

又云：

元之兵籍，汉人不问其数，惟枢密长官一二人知之。故有国百年，而内外兵数之多寡，人莫得而详焉。

按此知蒙古初兴，实为部落酋长之制。凡男子皆为兵，且不食廪禄，殆无定额。则是时兵之与民，固未区分也。《蒙鞑事略》云：

有骑士而无步卒。

《蒙鞑备录》云：

鞑人生长戎马间，旦旦逐猎。乃其生涯，故无步卒，悉是骑军。

可补《元史》之缺。元之初起，人皆为兵，其非蒙古部族之兵，谓之"探马赤军"。及取中原，金民兵，谓之"汉军"。得宋降兵，谓之"新附军"。世祖至元七年，始定军籍及补替交换之法。南北混一之后，以蒙古军及探马赤军，屯于中原之地。江淮以南，则以汉军及新附军戍焉。史称：

> 蒙古宪宗元年，忽必烈从姚枢之请，置经略司于汴，分兵屯田。以忙哥、史天泽、杨惟中、赵璧为使，俾屯田于唐、邓等州，授之兵、牛，敌至则战，退则耕田。西起襄、邓，东连清口、桃源，列障守之。

是时蒙古已能从汉人之议，将归附之兵，列障屯田。盖俨然中国耕战相兼之农兵制度，非复游牧部落之举措矣！

蒙古初起，兵民未分。至太宗元年，始有"佥军"之制，而兵民始分。佥军者，拣选民户以充兵役，其余皆仍为民也。《新元史·兵志》云：

> 太宗诏诸王并众官人，投下佥军，有妄分彼此者罪之。每一牌子，佥军一名，限年二十以上、三十以下者充之。仍立千户百户牌子头，其隐匿不实，及知情不首，并隐藏逃役军人，皆处死。

按：元代佥军甚众，《新元史·兵志》载之特详，略列如下，以见其大概。

太宗七年	金宣德、西京、平阳、太原、陕西五路人匠充军	通验丁数,每二十名,金军一名
太宗八年	诏燕京路、保州等处金军	每二十名,金军一名
太宗八年	真定、河间、邢州、太原、大名等处新籍民户	每二十名,金军一名
定宗二年	诏蒙古户金军	每百户,以一名充拔都儿
宪宗六年	皇弟忽必烈奏请续金内地汉军,从之	
世祖中统四年	金蒙古军	每户二丁三丁者一人,四丁五丁者二人,六丁七丁者三人
世祖中统六年	金民兵二万,赴襄阳	

　　元代尚有所谓"秃鲁花"者,译言质子也。世祖中统四年,诏统军司及管军万户千户。遵太祖旧制,令各官以子弟入朝,充秃鲁花。《新元史》云:

　　　　其制,万户秃鲁花一名,马十匹,牛二具,种田人四名。千户现管军五百或五百以上者,秃鲁花一名,马六匹,牛一具,种田人二名。其管军不及五百,而其家富实,子弟健壮者,亦出秃鲁花一名。

　　此项质子,实自备私财以充军役。盖元初之旧制,世祖复厉行之。

元人于所辖之人民,列为四种:其蒙古本部之民,皆号为蒙古部族;蒙古部族以外之民,号为色目,其军则曰探马赤;征服辽、金北方之民,号曰汉人,其军则曰汉军;征服南宋后,号宋人曰南人,其军则曰新附军。元帝于汉军、新附军,防之至严,而于汉人、南人,尤为严密监视。史载:

> 世祖至元二十三年二月,诏禁汉人持兵器。

又载:

> 顺帝至元三年三月,诏禁汉人、南人执军器,凡有马者拘入官。

又载:

> 同年十二月,巴延奏,请尽杀张、王、刘、李、赵五姓汉人。帝不许。

按:自世祖迄顺帝,屡禁汉人、南人持兵器。巴延且以五姓汉人族姓过于繁盛,请尽屠杀,幸未允许。观此,则元人之所以猜防汉族者,至为密察严厉。汉族至是时,尚安有民兵之可言?

元帝佥民为军,大率以民户若干出一名。然亦有特许免佥,不必服兵役者。史称:

至元四年,佥平阳、太原民户为军,除军站、僧、道、也里可温、塔失蛮、儒人等户外,均不得免。

盖僧为佛教徒,道为道教徒,也里可温为耶稣教徒,塔失蛮为回教徒,儒人为孔教徒,凡宗教徒,均免兵役。元人文化无足言,特于宗教笃信,此足证之。

元人既禁汉人、南人执兵器,宜不得充军役矣。然亦有例外之举,盖籍江南富民之子弟为军,因以聚敛财富也。史载:

武宗至大二年,洛实奏言:"江南平定,垂四十年,其民止输地税,余皆无预。其富室有编民为奴,其奴役之者,动辄百千家,有多至万家者,其力可知。乞令有司,凡有收粮五万石以上者,每石输二升于官,仍质其一子为军。所输之粮,半入京师,以养御卒,半留于彼,以备凶年。富国安民,无善于此。"诏如所言行之。

按:元人禁汉人、南人持兵器,何以反令江南富民质一子为军?盖此所谓质子者,即太祖所创之"秃鲁花"。

江南富民,既自备私财为军,则元廷借此有所获取。又质一子为秃鲁花,则不惧其反侧,故仍为防禁南人而设。

元初民皆为兵,自备私财,以从军役。体弱者出钱以代军役,谓之贴户,故国家无养兵之费。及太宗金军,军民于是区分,从军者始有廪给。然兵多费绌,乃不得不别求赡军之法,而始有屯田之制焉。彼以游牧始,而终进于农耕,盖征服广大土宇之后,其知识之启发多矣。《新元史·兵志》云:

> 命亲王将重兵,镇抚西北边,及和林,内建五卫,以象五方,置都指挥使领之。凡诸卫、诸万户,皆兴屯垦,以赡军食。大抵仿唐人府卫之制而变通之,其规划可谓宏远者矣。

元人以屯田为养兵之计。史称:

> 世祖至元三十年正月,诏边境无事,边军屯耕以食。

又载:

> 成宗大德二年三月,以两淮闲田给蒙古军。

凡此足见元人军食，大率仰给于屯垦。

元之有国，其兴也甚速，其亡也甚速。当其盛时，兵力之强，冠绝天下，所至如摧枯拉朽，靡不慑服。然阅时未几，一切俱非，所谓强弩之末，不能穿鲁缟。察其所由骤弱之故，实由其军官用世袭制度。《新元史·兵志》曰：

> 元之制兵，大抵仿唐人府卫之制而变通之，其规划可谓宏远。然不及百年，兵力衰耗，而天下亡于盗贼，何也？其失在军官世袭，使纨绔之童骏，握兵符，任折冲。故将骄卒惰，不可复用也。

史载：

> 世祖至元十六年冬，增置宿卫。旧日宿卫领于四集赛，子孙世袭年劳既久，即擢为一品，其后增至四千八百卫，而累朝鄂尔多之集赛尤多。国之大费，每糜于此。

观此，知元代军官世袭，非仅使兵力渐弱，且更使财用渐匮，国力衰亡，当实因此。

元末，群盗蜂起。顺帝至正十五年，韩林儿据亳，称帝号。其所部诸将，惟毛贵稍有智略。史载：

　　毛贵在济南,立宾兴院,选用故官,分守诸路。又于莱州立屯田三百六十所,凡官民田,十取其二,多所规划,故得据山东者三年。

　　按:元末诸盗,皆起自民间,颇少远略。毛贵独能立屯田三百六十所,其识解亦群盗中稀有者也。

第十节　明代之兵制

　　言民兵者,三代以下,以唐初为盛轨,而宋、明殆不足称述。宋之制兵,出于招募,盖与明同。而宋犹练乡兵,兴保甲,略存府兵遗意。元人兵民不甚区分,尤远非明比。至明代,则帝王自私其子孙万世之业,惟惧有豪杰起而攘夺之。故深恐中国之兵过强,听其积久疲弱,不加整顿。明初诸帝之于兵,尚略有经制之道。逮及晚明,官贪兵弱,饥疲亡缺,武器朽腐,直无兵之可言,尚何论于募卒与民兵哉!

　　明代兵制,纯以招募为主,间亦偶以乡兵、民兵辅之,而皆不足轻重。《明史·兵志》曰:

明以武功定天下，自京师达于郡县，皆立卫所。外统之都司，内统之于五军都督府，而上十二卫为天子亲军者不预焉。征伐则命将充总兵官，调卫所军领之。既旋，则将上所佩印，官军各回卫所，盖得唐府兵遗意。

明人立卫所，以都司领之，略如唐之折冲府。然唐人籍民为兵，而明人卫所之兵，出于招募，则其所谓府兵遗意，盖亦仅矣。

明太祖朱元璋初下南京，称吴王，革除元代枢密、平章、总管、万户诸官号，而别立兵制。凡所部兵五千人者曰指挥，千人曰千户，百人曰百户，五十人曰总旗，十人曰小旗。《明史·兵志》云：

天下既定，度要害地，系一郡者，则设所，其连郡者，则设卫。大率五千六百人为卫，千一百二十人为千户所，一百一十二人为百户所。每所设二总旗，十小旗，大小联比以成军。其取兵之法，有从征，有归附，有谪发。从征者，诸将所部兵，既定其地，因以留戍也。归附者，胜国僭伪诸降卒也。谪发者，盖以罪迁隶为兵，其军皆世籍，此其大略也。

此足见明代卫所之大略，而其取兵之法，皆用募卒，不能征民以任军役，则异于唐人之制。

明代卫所之兵，其与京师距离甚近者，例得轮递入卫京师，是曰班军。《兵志》云：

> 成祖永乐十三年，诏边将及河南、山东、山西、陕西各都司，中都留守司、江南北诸卫官，简所部卒赴北京，以俟临阅。京操自此始。

按卫所之兵，轮次入京宿卫，名曰京操，此盖仿唐人番上之制。

然明代非绝对无民兵之可言也。明人于卫所之外，亦尚有所谓民壮与土兵。特此项民壮、土兵，仅用以为正军之辅，且亦多出于招募，非有经制之民兵耳。《明史·兵志》曰：

> 卫所之外，郡县有民壮，边郡有土兵。太祖定江南，循元制，立管领民军万户府。后从山西行都司言，听边民自备军械，团结边防。闽、浙苦倭患，指挥方谦，请籍民丁多者为军。寻以为患乡里，诏令闽、浙互徙。是时已用民兵，然非召募也。

观此可知，明初亦有民兵，且系籍民为兵，而非出于招募，尤符合民兵之本意，惜其仅为局部暂时之计耳。

《明史·兵志》云：

英宗正统二年，始募所在军余民壮愿自效者，陕西得四千二百人。景帝景泰初，遣使分募直隶、山东、山西、河南民壮，拨山西义勇守大同。而紫荆、倒马二关，亦用民兵防守，事平，免归。宪宗成化二年，以边警，复二关民兵。饬御史往延安、庆阳，选精壮，编伍得五千余人，号曰土兵。以延、绥巡抚卢祥言，边民骁果，可练为兵，使护田里妻子，故有是命。孝宗弘治二年，立佥民壮法，凡州县七八百里以上者，每里佥五人，五百里者四人，三百里者三人，百里以上者二人。有司训练，遇警调发，给以行粮，而禁役占放买之弊。富民不愿，则上直于官，官自为募，或称机兵。在巡检司者，称弓兵。给事中熊伟，请编应募民于附近卫所。从之。

又云：

世宗嘉靖二十二年，增州县民壮额，大者千人，次六七百，小者五百。二十九年，京师新被寇，议募民兵。以二万为率，赴近京防御。穆宗隆庆中，张居正、陈以勤复请籍畿甸民兵，谓直隶八府，人多健悍，总按户籍，除单丁老弱者，父子三人籍一子，兄弟三人籍一弟。州与大县,可得千六百人,小县可得千人。登诸尺籍,隶于抚臣,操练岁无过三月,月无过三次。练毕,即令归农,命所司议行。

由此可知,明之民兵多由招募,仍与募兵无殊。惟张居正、陈以勤所陈,尚有可采。惜明代于军政,但取苟安,不能为根本之图维,所以终无补于危亡也!

明代卫所之制,与屯田相表里。史载:

> 太祖洪武七年春,帝以河南、山东、北平、陕西、山西及直隶、淮安诸府,虽有屯田,然尚未广,乃命都督金事王简等,分往诸省,经理屯务。明年,又命李善长、朱亮祖、俞通源,抚慰诸屯,劝课农事。西北田野日辟,屯军三分守城,七分耕作。人授田五十亩,给牛种,教树植,复租赋,官每亩税一斗。民以不困,而军饷益饶。

又载:

> 洪武二十一年九月,诏天下卫所屯田,岁得粮五百余万石。

足见明初卫所之制,尚略具农兵遗意。然行之日久,而弊端渐起，卫所之制，因以败坏。黄宗羲《明夷待访录》论兵制曰：

> 原夫卫所，其制非不善也。一镇之兵，足守一镇之地。一军之田，足赡一军之用。卫所屯田，盖相表里也。其后军伍消耗，耕者无人，则屯粮不足。增以客兵，坐食者众，则屯粮不足。于是，益之以民粮，又益所之制，实近府兵。而兵农合一，尤为古制。特以积久弊生，在上者皆庸才，无法匡救。故卫所之制破坏，而明代乃无民兵制之可言，国力亦日就疲敝。

宋人保甲之制，明代仍旧推行。

> 洪武十四年，始定赋役籍，诏天下编赋役黄册。凡乡，一百十户为里，里有里长。十户为甲，甲有甲首。岁役里长一人，董一里之事。应役，十年一周，谓之排年，其先后以丁粮多寡为序。在城曰坊，近城曰厢，役亦如里。里编一册，册有丁有田，以户为主，每十年，有司更定其册，以丁粮增减而升降之。

是明代仍存保甲制，而但供赋役之用，非如宋之教以武技战阵，兼充军役也。

明代恶制，无过以太监内臣为监军。此虽在唐人已有行之者,然为祸以明代为最烈。盖明太祖以武功得帝位,平日自私其子孙万世之念甚切。故天下既定,即诛戮武臣宿将,而天下州郡统兵之官,位不过指挥都司。史载:

> 洪武二十七年三月,帝以四方底定,命工部收兵甲,裹而藏之,示不复用。

凡此皆见太祖之猜忌防范,粉饰太平,即由其防范武臣反侧之故。其子孙变本加厉,乃至以太监为监军。

> 成祖永乐二年冬,帝始命内臣出镇。时镇远侯顾成,都督韩观、刘真、何福等,出镇贵州、广西、辽东、宁夏诸边。帝乃命宦官中有谋者,与之偕行,赐公侯服,位诸将上。未几,云南、大同、甘肃、宣府、汝平、宁波,亦各相继遣使,已而又设京营提督使监军。复建东厂,使刺外事。大权悉以委寄,遂为一代厉阶。

按此为旷古未有之恶例,明代之污点也。

明初诸帝虽未能计丁出兵,而颇实行计丁养马,盖宋代王安石已行保马法。史载:

洪武初,帝令应天诸府民牧马,五人共养一马,岁课一驹解京。又以牧监群马,悉归有司。专令民牧,江南十一户,江北五户,养马一,免其身役,课驹一。永乐十一年,行之北畿。计丁养马,十五丁以下,养马一,十六丁以上,养马二。其以事编发者,七户养马一,得除罪。其后马益蕃,辄责民牧,民年十五即养马。

《明史·兵志》云:

明养马有官牧,有民牧,官牧给边镇,民牧给京军。

凡此足见,明人仍师宋代保甲、保马诸法之遗意。

明代卫所屯田之制,积久渐坏。然英宗时,犹诏京军屯田,则是时固尚厉行。史载:

正统元年正月,杨士奇言,国家岁用粮储,皆自东南转运,军民劳苦。今京军操练外,余卒尚多,宜令于北京八府屯田,可省南方转运之费。帝从其言,诏发京军屯田畿辅。

可知,正统时兵犹屯耕也。其后,卫所之制渐坏。

《明史·兵志》云：

> 明之末季，卫所兵士，虽一诸生，可役使之。积轻积弱，重以隐占虚冒之弊。至举天下之兵，不足以任战守，而明遂亡矣。崇祯三年，范景文以兵部侍郎守通州，上言："祖制，边腹内外，卫所棋置，以军隶卫，以屯养军，后失其制，军外募民为兵，屯外赋民出饷，使如鳞尺籍，不能为冲锋之事，并不知带甲之人。陛下百度振刷，岂可令有定之军数，付之不可问；有用之军糈，投之不可知。"因条上清核数事，不果行。

观此，知明之末叶，卫所已同虚设。而统兵诸将之所统率者，乃于卫所之外，别行招募。其后统兵大将，复就节镇所在之地，自置屯军。故黄宗羲论之曰：

> 有明之兵制，盖亦三变矣！卫所之兵，变而为召募。至崇祯、弘光间，又变而为大将之屯兵。议者曰：卫所之为召募，此不得已而行之者也。

招募之为大将屯兵，此势所趋，而非制也。明代卫所之制，虽不能追踪府兵，尚有厘然一贯之道为之经制。至于末季，破坏无余矣。

明代困于倭寇，故海防甚为重视。《明史·兵志》云：

洪武四年，命靖海侯吴祯籍温、台、庆元三府军士，及无田粮之民，凡十一万余人，隶各卫为军。十七年，命信国公汤和，巡视海上。二十年，命江夏侯周德兴抽福建、福兴、漳、泉四府民三丁之一，为沿海戍兵，得万五千人。嘉靖二十三年，调发山东民兵及青州水陆枪手千人，赴淮、扬，听张经调用。

盖倭患皆在沿海一带，惟海疆人民乃能熟习海事。故不得不就温、台、漳、泉、青、莱诸地近海之民，征集为兵，以便防守。

明代所谓土兵，大率各地乡勇之具有特殊技能者，募之应役，皆非正式之民兵。史载：

成化初，河东盐徒千百辈，自备火炮、强弩、车仗，杂官军逐寇。而嘉靖中，松江曹泾盐徒，逐倭寇至岛上，焚其舟。后倭见民家有䩺囊，辄摇手相诫。

是为盐枭之聚集成军也。尤奇者，则有僧兵。《兵志》云：

僧兵有少林、伏牛、五台。倭寇之乱，少林僧应募者四十余人，战亦多胜。

是明代尚有出家释子,聚而为军,此尤可异,言中国近代民兵者之一轶闻也。

明自中叶以后,军废卒疲,殆不可用。而议者辄言民兵,朝廷亦姑为俞允,实则多未举行。即令举行,而枝节为之,不能本末备具,亦无补于实际。《兵志》云:

> 万历中,给事中张贞观请益募土兵,捍淮、扬、徐、邳。畿南盗起,给事中耿随龙请复民壮旧制,专捕盗贼。播州之乱,工部侍郎赵可怀请练土著,先后皆议行。崇祯中,兵部尚书杨嗣昌议令贵州县训练土著为兵。工部侍郎张慎言、御史米寿图皆言其害。后嗣昌死,练兵亦不行。

盖明之末叶,卫所既不可复,民兵亦不能成,国之不能不亡,势也!《兵志》云:

> 明至末造,尺籍久虚,行伍衰耗,流贼蜂起,海内土崩。宦竖降于关门,禁兵溃于城下,而国遂以亡矣。

此则习常蹈故,乐于苟安之为害也。

论明代兵制,其言最为深切精辟者,无过黄宗羲之《明夷待访录》,其中《兵制》三篇,皆极有见地,而尤以第一篇为最精切。试标举其言之最当吾意者,约为三段:第一,论明代制兵之流弊;第二,论卫所制度所由破坏之故;第三,论制兵之要道。凡其所言,皆为古今不易之论,非仅明代制兵之得失,而亦古今得失之可凭以考见者。

其论明代制兵之流弊,曰:

卫所之弊也,官军三百十三万八千三百,皆仰食于民。除西北边兵三十万外,其所以御寇定乱者,不得不别设兵以养之,分兵于农。然且不可,乃又使军分于兵,是一天下养两天下之兵也,召募之弊也!如东事之起,安家、行粮、马匹、甲仗,费数百万金。得兵十余万,而不当三万之选,天下已骚动矣。大将屯兵之弊也,拥众自卫,与敌为市,抢杀不可问,宣召不能行。率我所养之兵,反而攻我者,即其人也。有明之所以亡,其不在斯三者乎?

其论卫所制度所由破坏之故曰:

都燕而后,岁漕四百万石,卫一百四十,旗军十二万六千八百人,轮年输运,有月粮,有行粮,一人兼二人之食,是岁有二十余万三千六百不耕而食之军矣,此卫所之制破坏于输挽者也。中都、大宁、山东、河南附近卫所,轮班上操。春班以三月至八月还,秋班以九月至二月还，有月粮，有行粮，一人兼二人之食，是岁有二十余万不耕而食之军矣，此又卫所之制破坏于班操者也。一边有事，则调各边之军。应调者，食此边之新饷。其家口，又支各边之旧饷。旧兵不归，各边不得不补。补一名，又添一名之新饷，是一兵而有三饷也。卫所之制，至是破坏则不可支矣。

宗羲更申论之曰：

为说者曰：末流之弊，亦由其制之不善所致也。制之不善，则军民之太分也。凡人膂力，不过三十年，以七十为率，则四十年居其老弱也。军既不得不复还为民，则一军之在伍，其为老弱者，亦复四十年，如是而焉得不销耗乎？乡井之思，谁则无有？今以谪发充之，远者万里，近者千余里，违其土性，死伤逃窜，十常八九，如是而焉得不销耗乎？且燕都二百余年，天下之财，莫不尽取以归京师，使东南之民力竭者，非军也耶？或曰，畿甸之民，大半为军。今计口而给之，故天下有荒岁，而畿甸不困，此明知其无益而不可已者也。曰：若是则非养兵，乃养民也。天下之民，不耕而待养于上，则天下之耕者，当何人哉？东南之民奚罪焉？夫以养军之故，至不得不养及于民，犹可谓其制之善欤？

其论制兵之要道曰：

余以为天下之兵，当取之于口。而天下为兵之养，当取之于户。其取之口也，教练之时，五十而出二，调发之时，五十而出一。其取之户也，调发之兵，十户而养一，教练之兵，则无需于养。如以万历六年户部数目言之，人口六千六十九万二千八百五十六，则得兵一百二十一万三千八百五十七人矣。人户一千六十二万一千四百三十六，则可养兵一百六万二千一百四十三人矣。夫五十口而出一人，则其役不为重。一十户而养一人，则其费不为难。而天下之兵，满一百二十余万，亦不为少也。王畿之内，以二十万人更番入卫，然亦不过千里。假如都金陵，其入卫者，但尽金陵所属之郡邑，而他省不与焉。金陵人口一千五十万二千六百五十一，则得胜兵二十一万五百，以十万各守郡邑，以十万入卫。次年，则以守郡邑者入卫，以入卫者归守郡邑。又次年，则调发其同事教练之兵，其已经调发者，则住粮归家，但听教练而已。夫五十口而出一人，而又四年方一行役，以一人计之，二十岁而入伍，五十岁而出伍，始终三十年，止历七践更耳，而又不出千里之远。则为兵者，其任亦不为劳。国家无养兵之费，则国富；队伍无老弱之卒，则兵强。人主欲富国强兵，而兵民太分。唐宋以来，但有彼善于此之制，其受兵之害，未尝不与有明同也。

黄宗羲之论兵制，实与三代农兵，唐人府兵，欧美征兵，同其主张。其最精粹之语，如："明兵制之不善，由兵民之太分也。"如："余以为天下之兵，当取之于口，而天下为兵之养，当取之于户。"如："以一人计之，二十岁而入伍，五十岁而出伍，始终三十年。队伍无老弱之卒，则兵强。"凡此诸语，乃悉是民兵之精意。宗羲之所主张，直可上追古制，下合今法，其识解之超卓，诚不可及。明代制兵，固失其道。即在唐宋，以宗羲观之，诚亦未为得计。然无论如何，要当经制民兵，本末毕具，实为百世不易之论，无可疑也。

明于福王被虏、南都失陷之后，尚有关于民兵之史实，则江南士民反对薙发令，而举兵抗战也。福王弘光元年五月，清兵下淮、扬，入南京，遂于七月下薙发之令。于是，江南士民因反对薙发，遂举义兵，所在据守，以抗清师。是时，起义兵者，大率为明之大臣、耆旧或官吏、儒绅。其举兵之目的，在保存旧制，反抗胡俗。其兵皆就地招募，而皆出自愿，且为士商平民所集合，如义勇之制。此等临时集合之众，自不能与清人经制之师角胜负，故不旋踵而仍归夷灭。然以信仰坚定、精神一贯之故，颇能支拄一时，占历史之篇页，而为明代民兵之光荣焉。其起兵之大概，就载籍可稽者，列表如下：

所据之地	首领之名	举兵之概况
松江	给事中陈子龙，总督沈犹龙，吏部主事夏允彝，水师总兵黄蜚、吴志葵	募壮士数千人守城，而蜚与志葵以水师来相应援。
昆山	副总兵王佐才、顾炎武	县人执清知县阎茂才，杀之，举兵。
嘉定	通政使侯峒曾，进士黄淳耀	士民聚众自保，推峒曾与淳耀为主，固守。
江阴	典史阎应元、陈明遇	诸生倡言城守，祝塘少年六百人，送应元入城主兵，城破无一降者。
吴江	兵部主事吴易，举人孙兆奎	县人共举兵，败清兵于平望，夺舟二十。
崇明	主事荆本彻，员外郎沈廷扬	
嘉兴	吏部尚书徐石麒，总兵陈梧	
宜兴	行人卢象观	象观奉瑞王，集民兵二万，窥江宁。
长兴	主事王期升	期升举民兵，与象观会师江宁。
常熟	严栻、项志宁	
新城	李翔、徐伯昌	
太仓	王湛、蔡仲昭	
太湖	陆世钥、任源邃	
绩溪	金都御史金声、江天一	声纠集士民义勇，于各山寨置十三营。
徽州	推官温璜、吴应箕	璜摄县印，召士民慰谕之，与金声犄角。
宁国	山东巡抚邱祖德、钱龙文	

续

所据之地	首领之名	举兵之概况
余姚	九江兵部佥事孙嘉绩,给事中熊汝霖	
泰和	刘士桢、刘稚升	
会稽	郑遵谦、于颖	

　　上表所列,皆薙发令下后之反响也。其组织,大率由在籍巨绅名士,或联合一二武员,聚商民为兵,婴城固守以自保。其中一二特著者,则阎应元之于江阴,最为壮烈,黄淳耀之于嘉定,亦最感人。而吴易之于吴江,金声之于绩溪,温璜之于徽州,并皆撑挂一时,曾败清师。故言力则乌合之众,不足当清军之一击;言义则士民揭竿,攘夷自保,实由种族大义出发。及其败也,相率以殉,就死如饴。言民兵至于明季上下江士民之义兵,亦民兵史光荣之一页也。

第十一节　清代之兵制

　　清之初兴,当太祖努尔哈赤之时代,其国号不曰清,而曰金,或曰后金。迄太宗皇太极之天聪十年,乃由金国汗而改称天子，改国号曰大清，且抹煞其往日称金之痕迹，借以泯除汉人对宋金时代之历史仇怨。然此等痕迹，殊不能掩饰净尽。例如太宗天聪年间所修筑之盛京城，其抚近门之匾额，今尚有"大金"字样。又辽阳之喇嘛坟，大石桥之娘娘庙碑，东京城之匾额，今皆有"大金"国号之留遗焉。清代官中文书，于清初未建大清国号以前，凡关于"大金"字样，悉改曰"满洲"，实则清初固无满洲之名称也。

清之初起，固土酋部落之制而已。清太祖之祖父，为明总兵李成梁所诛，事由尼堪外兰所致。太祖年二十五岁，出其父旧有遗甲十三副，痛哭举兵，征尼堪外兰。太祖初起时，其甲十三副，则从者亦仅十余人耳，是不过一小部落之酋长。称兵聚斗，及克图伦，获兵甲，以复仇为号召，从之者日众。万历十六年，收栋鄂部长何和礼之族党，兵力稍强，然亦不过于临阵冲锋时，受其节制，无所谓划一之兵制也。当时有所谓"牛录"者，原本女真遗俗。女真人于出兵校猎时，不计人之多寡，各随族党，屯寨以行，及抵围场，每人出箭一支，十人中择一人领率之，令勿离队越次，称为"牛录额真"。万历二十九年，太祖始分编其众三百人，为三牛录，每一牛录，设一首领，即名曰牛录额真，是为清之始有兵制，而亦后来八旗制度之渊源焉。

八旗制度之起源，始于牛录，盖女真部落围猎之遗俗，其后遂演为清代旗兵之定制。今将清代八旗制度之编制大概为图以明之：

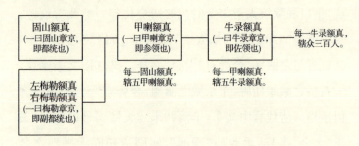

据上图以计之，每一牛录，即佐领，辖众三百人。每一甲喇，即参领，统五牛录，辖众一千五百人。每一固山，即都统，统五甲喇，辖众七千五百人。清初兵制之编额，了然可见。自部众强大，遂不得不以旗色为辨别，而八旗之制兴焉。八旗之先，仅有正四旗，其后乃有镶四旗。当明万历三十四年，太祖定四旗之色。四旗者，黄旗、白旗、红旗、蓝旗也。至万历四十三年，乃增设四旗，非复纯色，而镶其边缘，以为辨别。其镶色之制，幅之黄、白、蓝者，皆镶以红缘；而幅之红者，则镶以白缘。于是有正黄、镶黄，正白、镶白，正红、镶红，正蓝、镶蓝，合为八旗，以旗色而辨其所属。至其行军之法，地广则八旗分八路而进，地狭则八旗合一路而行。清初之兵制，于是厘然可观矣。

清之初起，其人皆擅骑射。八旗劲旅，被棉甲或铁甲，弓劲矢长，驰骤如飞，备极骁果。太宗崇德元年，集诸王贝勒大臣于翔凤楼，诫谕之曰：

我国士卒，初有几何？因娴于骑射，所以野战则克，攻城则取。天下人称我兵曰，立则不动摇，进则不回顾。威名震慑，莫与争锋。

观此足见清初兵力之强。更一反观万历四十六年熊廷弼之奏疏曰：

辽东现在兵有四种：一曰残兵，从主将赵甲逃阵，甲死而归钱乙，又从钱乙逃阵，乙死而归孙丙，身无片甲，手无寸械，随营糜饷，装死扮活，不肯出战；一曰额兵，开原一道，全额已亡，即臣标下两翼，亦并全亡，至于阖镇额兵，或死于征战，或图原饷，逃为新兵，又皆亡去大半；一曰募兵，佣徒厮役，游食无赖之徒，岂能惯熟弓马，朝投此营，领得安家月粮，暮即投彼营，点册有名，及派工役，而忽去其半，领饷有名，及闻警报，而忽去其半；一曰援兵，各镇挑选，谁肯以强人壮马坚甲利刃来，每一过堂，弱车羸马，钝甲朽戈，不堪入目。

清初之兵，强盛若此；明末之兵，腐朽若此。两两相形，其兴亡之故，岂曰偶然哉！

清代建旗之制，以旗统人，即以旗统兵。凡隶于旗者，皆可以为兵，非如前代佥派召募之制也。故民与兵，殆为合一。其后不得不歧而为二,列为诸营,是为实际服务之兵,就八旗中另为组织者也。八旗之始,仅有正四旗,前已言之。太祖更置镶四旗,是为满洲八旗。及太宗征服蒙古,更置蒙古八旗,是为十六旗。其后更增编投降之汉军,以为汉军八旗,共为二十四旗矣。当其为部落之时,民皆隶旗,即民皆为兵,诚可谓兵民合一。然小国寡民,行之而有效,及其疆宇益广,部众益多,而兵与民不得不分,于是更编为诸营焉。

中原既定,八旗为开国之军。其中以正黄、镶黄、正白三旗,为天子亲军,是曰上三旗。余亦警卫京师,或兼驻各省形胜要地,而八旗乃有京营及各省驻防之别。及中外一统,复置绿旗营,以统汉军。《吾学录》曰:

> 国初定八旗之色,以蓝代黑,而黄、白、红、蓝,各位于所胜之方,惟不备东方甲乙之色。及定鼎后,乃令汉兵皆用绿旗,是为绿营。

盖汉军于入关前投诚者,编为汉军八旗;入关后降者,则用绿旗,绿营之名始此。

清人自入关混一中国之后,乃立内外兵制。其大要分为旗兵与绿营二者,其区分大概如下表:

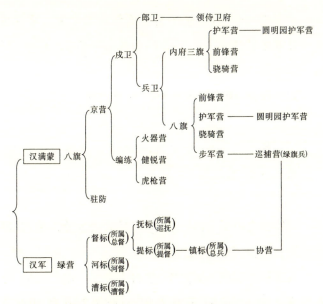

上表所谓郎卫者，掌宿卫清跸之事；所谓兵卫者，掌巡徼汛守之事。前者职司天子禁城，后者职司京师九门。而所谓编练者，则能演习特种武器者也。此外八旗之兵，屯驻各省要地，号曰驻防。《圣武记》曰：

驻防之兵，无论骑步，皆合蒙古、满洲、汉军以为营。畿辅驻防二十有五，兵八千七百五十八人。东三省各地驻防四十有四，兵三万五千三百六十人。新疆驻防八，兵万五千一百四十人。各行省驻防二十，兵四万五千五百四十人。又守陵寝、围场，盛京、吉林守边门，凡二千九百七十人。共驻防兵十万七千七百六十人，皆统于将军都统及城守尉。通计中外禁旅驻防兵二十万有奇，而居京师者半之。

观此所记，清代制军之大略，了然可睹。又云：

> 绿营有马兵，有守兵，有战兵。而战守皆步兵，额外外委，皆马兵也。

则绿营之组织，为马、战、守三种兵之区分部署，其制度盖厘然具备，开一代之宏规焉。

八旗军为清代开国之军，然自入关混一南北以后，渐有骄惰之习。顺治间，百事草创，财政颇为困难，康熙之撤三藩，亦与财政问题有关。《圣武记》云：

> 顺治十七年，户部奏云，云南省俸饷，岁费九百余万。除归还满兵之外，请裁绿营五分之二，三桂不谓然。闽、粤二藩运饷，岁需二千余万，天下财赋，半耗于三藩。

当时以财政困难，颇有主张裁兵增饷者。顺治间，司农林起龙奏云：

> 有制之师，兵虽少，以一当十，饷愈省，兵愈强，

而国富；无制之师，兵虽多，万不敌千，饷愈贵，兵愈弱，而国贫。今天下绿营兵几六十万，而地方有事，即请满洲大兵，是六十万不足当数万之用。推原其故，其大病有二：一则营兵原以戡乱，今乃责之捕盗；一则出饷养兵，以备战守之用，今则加以克扣，兵丁所得，仅能存活。又不按月支发，贫乏之兵，何以自支？今总计天下绿旗兵共六十万，诚抽得二十万精兵，养以四十万兵饷，饷厚兵精，不过十年，可使库藏充溢。

然则顺治之时，不但八旗之劲气渐衰，即绿营亦未能精练也。

魏源《圣武记》曰：

西洋欧罗巴各国，其兵月给洋银六圆，每岁七十二圆，故训练精强。其饷几同中国禁旅亲军、领催之饷数，其余绿营，则仅半之，且有不及其半者。然通计各省岁饷，已千有七百余万，岂能再增？如欲优养勤练，惟有各省拔其优者，以为选锋，与以双饷，而汰除老弱冗散之额。使边省各有选锋六千人，腹省各有选锋四千人，庶可一以当百，而国家经费，仍无所增，或谓以汰卒之粮，加精卒之饷，则兵额将减十万，恐不敷于防守。

曰：

> 冗兵明减十万，则精兵暗增十万矣。至腹地城
> 戍，原有胥役保甲，分助弹压。初不藉疲病冗伍之
> 力，以英吉利之崛强，而胜兵止十七万，已无敌于诸
> 国。是知兵在精，不在多。

魏源所论，亦主减兵增饷，与顺治间林起龙所论，如
出一辙。盖制兵之要道，不在数量之扩张，而在素质之精
练。此固不易之主张，衡之古今而皆准者。

八旗之兵力，至康熙间，已呈衰弱之象。当三藩之
叛，吴三桂进据湖南，清圣祖诏曰：

> 吴逆初叛，即选满汉精兵，使顺承郡王勒尔锦，
> 统率进讨，三月至荆州，不能乘贼远来马疲，守备未
> 固之际，渡江扼险，挫其锋锐，使贼得乘暇以据湖南，
> 守要害，犯我夷陵、江西，分我兵力，致耿精忠、孙延
> 龄、杨来嘉等，相继变乱。劳师数载，毫无尺寸之功，
> 惟安坐荆州，日索督抚司道之馈送。贝勒尚善等，进
> 攻岳州，命以舟师，断贼粮饷，乃以舟楫未具、风涛不
> 测为辞，长沙已进大兵，尚不乘机夹攻。又简亲王喇
> 布，逗留江右；贝子洞鄂，失机陕西。若非朕运筹决
> 策，力饬水师，进攻岳州；命岳乐之江西军，进攻长

沙;使图海之陕西军,速复西凉,则国家疆域,尚堪问耶! 误国病民,在他人尚不可原,况王贝勒等,与国家休戚相关之人乎? 议政王大臣等,其速举我太祖、太宗之军法,严行议罪。

是知康熙时所谓八旗劲旅者,习于宴安,败于骄侈,已如强弩之末。而清廷所由削平寇乱,乃由重用汉人,如赵良栋、王进宝、孙思克之于陕西,蔡毓荣、徐治都、万正色之于湖广,杨捷、施琅、姚启圣、吴兴祚之于福建,李之芳之于浙江,傅宏烈之于广东,皆清圣祖激励汉人之效果。

清代自康熙、雍正,迄于乾隆,大抵从事绥抚外藩,征伐不廷,以建一伟大帝国之疆宇。圣祖之躬率大军,分三路以讨平噶尔丹。世宗之遣派年羹尧、岳钟琪,用兵西宁、青海,讨平罗卜藏丹津,定准噶尔诸部。高宗之平定伊犁,平定回部,平定大小金川,威服缅甸、安南及廓尔喀,抚定西藏。凡此等显赫之武功,殆皆杂用旗、汉二军,如青海、伊犁、准部、回部,则旗兵之用为多。而西藏、缅甸、金川、苗疆,则汉兵之用为多,此其大较也。

清初兵制,创始于天命、天聪、顺治三朝。而康熙、雍正、乾隆三朝,则循率旧章,无所更改。至嘉庆朝,而兵制渐坏。故论清代兵制,在乾隆以前,当划为一时代;嘉庆以后,又当划为一时代。大抵乾隆以前,纯用旗兵、绿营;

嘉庆以后,旗兵腐败,绿营冗朽,故于旗兵、绿营之外,并用乡勇。又乾隆以前,国有征伐,命将出师,有所谓"大将军"之称号。曾膺此称号者,其人甚多,而岳钟琪、年羹尧等,尤为世所熟知。嘉庆以后,此项称号,寂然无所闻。凡此皆见清代于嘉庆以后,其用兵之方略,制兵之法度,皆有所变通更革焉。

乾隆间自平定准部及回疆后,即实行屯戍之制,以伊犁为总汇之地。于天山北路,如乌鲁木齐,如塔尔巴哈台,皆以为屯戍之地,分设旗兵驻防。汉兵屯种,皆携眷移戍。惟南路回疆,则更番轮戍。其驻守之兵,如蒙古、索伦、厄鲁特诸部,皆以射猎游牧为业。达瑚尔之兵,则以屯种为业。又建六城,分驻绿营,携眷兵三千,开屯兴筑,星罗棋布,或领以侍卫,或督以屯官,戍隶于佐领。其番戍之兵,三年更代,以次增设,无定额。此项屯边政策,本为中国汉唐旧制所惜者。新疆北路虽已从事,而南路回疆,地极膏腴。或谓南路回疆,亦宜仿北路之制,驻防兴屯,招华民,实回疆,变膏腴为内地,势尤顺,利尤大,惜清廷不知出此。南路回疆,惟遣兵番戍,而未兴屯垦,致历久而不易抚定。

八旗兵力,在康熙平三藩之役,已呈腐坏之象。至嘉庆时,向日骁果之八旗军,已朽败不堪用。嘉庆四年,经略勒保奏曰:

健锐火器两营京兵，不习劳苦，不受约束，征剿多不得力。距达州七十里之地，行二日方至。与其久留糜饷，转为绿营轻视，请全撤回京师，无庸续调。

此为勒保征四川白莲教时所奏，勒保以旗人而不敢为之隐讳。盖八旗兵力之衰微，至嘉庆时，完全暴露矣。

八旗兵之衰弱，由于骄侈，由于安坐而食，久无训练。而更有一最大之原因，则八旗之生计，日益困难故也。清初八旗人口尚少，土地家屋，赏赐甚多，故生计颇裕。其后，人口逾十倍，而土地家屋反少。乾隆元年，御史舒赫德上旗丁屯垦之议曰：

八旗兵数逾十万，成丁闲散而不得职之预备兵亦数万，老弱且不在此数。若分居黑龙江、盛京、宁古塔三处，不惟京师劲旅，不虞单弱，且于根本之地，更添强兵，事自两便。

乾隆六年，户部侍郎梁诗正，再上八旗屯种之疏，其言曰：

查八旗除驻防各省及屯田近畿者外，悉聚京师，百年休养，户口日增，类皆仰食朝廷，何以如彼穷乏？臣以为彼等不讲治生之方，实由于恃官府给养之故，

此终不可不改者也。伏愿顾虑将来,令八旗移垦东
三省。

　　盖此议起于雍正时,乾隆时,言者亦甚众,终因循未
行。虽乾隆、嘉庆二朝,曾发遣八旗余丁三千人,令屯耕
于吉林之拉林及阿勒楚喀二地。然以八旗子弟,素习于
北京之安坐而食,何能甘居边外以事屯耕?彼辈初往东
省,即无意永住,未几,仍放荡为生,弃地而还北京者不
少。所谓"旗屯",益臻衰微。故八旗之生计问题,终未解
决。而八旗兵力,受生计困难之影响,乃竟成废物矣!
　　八旗兵既不可用,绿营兵则何如?绿营本为汉军,康
熙间,平三藩及台湾,俱赖绿营之力。然至乾隆时,绿营
亦渐腐败。乾隆十三年,讷亲、张广泗征金川,以三千人
攻碉,遇敌数十人,哄然下击,三千人皆鸟兽散。惟日乞
增兵转饷,至有欲乞达赖喇嘛及终南道士为之助战之语。
故傅恒奏曰:

　　　　晏起偷安,将士不得一见,不听人言,不恤士卒,
军无斗志。

　　则当时绿营之乡勇之设,原以保卫乡里。其后以官
兵之力,于剿逐有所不逮。恒调乡勇随营,偕之征讨,或
竟以乡勇为前锋,而绿营与八旗,则坐观其成。嘉庆四

年,常诏征黑龙江之旗兵,及所谓索伦劲旅,往返数千里,供应浩繁,水土不服,不熟贼情。议者谓调一黑龙江之兵,可以募数十乡勇,且可卫身家,免掳掠。合州知州龚景瀚条陈云:

> 八旗官兵不可恃,其军纪废弛,所过地方,受害甚于盗贼。凡调兵及增兵,皆无益而有害。嗣后,当使乡勇有功者,如八旗官兵保奏议恤,以收敌忾同仇之效。

当时剿匪交战,辄以乡勇为前锋,汉军之绿营继之。其素称骁勇之满洲八旗,索伦劲旅,乃反在最后。乡勇战胜,则八旗与绿营,即掠为己功。盖是时,清廷惟赖乡勇以剿匪,其八旗、绿营,皆装饰品耳。

乡勇自随营征讨,遂分为守与战之二种。守者为本地居民,自行团练守御,实为民兵。战者则募集成军,实为募兵。守者,如襄阳、郧西、竹山、竹溪、龙驹寨等处,皆有殊绩。战者,如刘清、尹英图、孔继杆等,亦著显功。清廷诏曰:

> 乡勇原为保护乡里而设,若仅募他乡游民,无田庐室家之恋,既去其乡,安望其勇?目前在多报开销,事后则易聚难散。何如省此养疲兵募散勇之资,

以团练本地之乡勇，实为事半功倍。果尽如刘清、尹英图、孔继杆、林岚、雒昂等之寇不能犯，又如郧西乡勇之截击齐、姚等贼，使官兵得以成功，何至民为贼掠、兵为贼疲？总之，他省未练之新兵，不如本地之乡勇；而本省隔属召募之乡勇，又不如本乡守堡之团勇。自后各县练勇，各寨守堡，不许调往军营，致村庄反遭荼毒。其乡勇固守卡寨，以堵为剿。及州县实心倡率者，与军功同赏。

嘉庆五年，谕曰：

> 乡勇本地自卫者，聚则为兵，散则归农。其外募者，聚则为兵，散易为匪。

观此，知乡勇之成，除随征者为募兵性质外，其以团练之名称，各就乡里为防堵者，实为正确之民兵。

刘清、尹英图辈，虽为乡勇首领，剿匪有功，然彼辈实文职官吏，为乡勇所敬服，而推之领率以应战耳。其真正以乡勇起家而有声者，则有罗思举、桂涵，皆以果敢应募为乡勇，剿匪累功，竟为将帅。当罗思举之率所部乡勇，自湖北追贼，越大宁、通江至巴山。半载未领饷，兵皆衣狗皮，蹑草屦，人呼曰"丐兵"。及战胜，则笑曰"丐兵破贼"。盖此项丐兵，非如八旗、绿营之安坐领饷，固远较八旗、绿营为可用也。

川、楚教匪，起于嘉庆元年，迄九年，乃告肃清。满洲将帅，则勒保、德楞泰、额勒登保、明亮，汉人将帅，则杨芳、杨遇春、罗思举、桂涵辈之力也。自教匪肃清，大军凯旋，而各营之随征乡勇，皆令缴刀矛回籍。每乡勇一名，发给银五钱，令缴刀矛，更发给银二两，资遣回籍。乡勇之随营者，本出召募，且皆骁桀亡命，无家可归，所得归资，又不足用，乃啸聚山林间。其后复有宁、陕新兵之变，拥蒲大芳为首，赖杨芳单骑抚定。然杨芳反以此获咎，遣戍伊犁。清廷于乱后抚绥之失道、赏罚之不公，盖世所共见。

川、楚教匪平定之后，募集随征之乡勇，既分别遣散。而就地自卫之乡勇，各据堡寨。其人皆为土著居民，自无遣散之理。陕甘总督长麟奏曰：

乡勇团练，有益于今日，有大害于将来。民气由此益趋强悍，或聚众斗争，抗官拒捕，不可不防其渐。请乘此派员，稽查兵器实数，收其兵器，夷其堡垒。

然川督勒保则反对此议，奏曰：

川民庐舍，皆与田亩相连，多散少聚。自贼氛日炽，民皆团聚高险大寨，以自守卫。而别分小寨于平地,以便耕作贸易。自裁定以来,争还平地故居,并无恋据险阻之人,不俟官为散遣。间有近田亩成村落者,原可听其安聚,如东乡、太平各县,皆有前明古寨,即昔人避流寇之所。今后惟有特立寨首,仿保甲之法,约束民户,禁习邪教,则守望可以相助,于诘奸兴教两益。

诏从其言,诸堡寨得免于毁,乡勇团练,皆施以保甲之制。盖清代兵制,招募为主,而真正之民兵,全存于团练、保甲,其制度实确立于嘉庆间。自团练、保甲而外,民兵殆无可言也。

保甲之制,创始宋熙宁间,明代仍承其法,清代亦沿袭之,其制不必尽同,而大体无甚违异。保甲者,所以稽往来、防窃盗。大率十户为牌,置牌头;十牌为甲,有甲长;十甲为保,设保正。其称号,于清代屡有更改。顺治元年,曰牌头、中头、保长。乾隆二十二年,更定保甲法,曰牌长、甲长、保正。嘉庆以还,又或改保为里,称保正为里长。其户籍之册,曰保甲册。保甲册之基本在门牌,门牌载一定之事项,揭于户端,以便动静之勾稽。《嘉庆会典》曰:

> 凡编保甲,户给以门牌,书其家长之名,与其丁男之数,而岁更之。

即此之谓也。

清自乾隆而后，渐呈衰竭之象。嘉庆间之川、楚教匪，合八旗、绿营之力不能制，赖乡勇团练之助，幸得弭平。而清廷之无能力，军伍之不堪战，已为全国所共见。逮及道光朝，欧西势力侵入，广东首当其冲，于是有鸦片战争与《南京条约》。其后，五口通商，门户洞开，内力既益虚耗，外力又复煎迫，其势岌岌不可终日。而清宣宗既极平庸，官吏亦皆贪懦，于是有太平军之大乱，震荡全国。

太平军者，乘清廷衰敝之政，据粤、桂险固之地，收岭、海悍厉之人，窃欧西未完之教，起自一隅而被于全国者也。其初，信徒不过二千人。至道光三十年，遂举兵于金田村。咸丰元年，入湖南。二年，破武昌。三年，破安庆，遂入南京。迄于同治四年，乃告弭平。先后与清军争战，亘十六年之岁月，实清代之一大兵役。太平军所订立之兵制，颇有条理。而尤为特异者，于统兵将帅之外，复有监军之设置。其立军之制，今不得其详，就可考征者，约如下表：

军帅（辖五师帅，领一万二千五百人）监军	师帅（辖五旅帅，领二千五百人）	旅帅（辖五卒长，领五百人）	卒长（辖四两司马，领一百人）	两司马(辖伍长五人，伍卒二十人，领二十五人）

右太平军之编制，传者如此。然其中名称，如"两司马"之名，本出三代旧制。窃疑太平军之犷野，未必有此称谓，但其兵制大要，当与此同。考太平军之兵士，区分为"老兄弟""新兄弟""童子军"之三种。其初起金田，克永安城时，众不过三万七千。能战者，仅老兄弟五千余耳。陷武昌后，有众数十万，皆裹胁成军，是为新兄弟，既不耐战，且乘机思遁，故每以监军监之。每战以新军居前，殿以老军。惟老军皆广西山民，不知舟楫，及克武汉，得舟帅唐正财为之编制，始略具水师规模焉。

与太平军对抗而战胜之，以重延清廷之帝运者，曰湘军、淮军。盖八旗、绿营，在嘉庆时，已成腐杇，不能不仰乡勇、团练以平寇。道光以来，官军尤败坏不堪用。咸丰间之湘、淮军，亦乡勇团练也。王闿运《湘军志》曰：

自军兴，绿营将帅，虽统率几千调发之兵，而武器窳钝不堪用。彼等以地方州县之人夫，搬运其武器锅帐，已则拱手乘车马，征地方之公馆为宿舍，兵卒或步行而不担武器，徒征发民家旅店，使居人惶怖，而恨其不去。其遇敌也，先作低矮之垒壁，居于其中，而营门之负贩，则往来杂糅焉，诸将帅虽欲划一而不能。惟满、蒙军稍整齐，而骄傲贵倨，虽督抚不能易置。无已，则多使用绿营，而其弊又如此。

观此，知太平军之弭平，安可望于此辈？不有湘、淮军，何从克奏肤功耶？

湘军之兴，实本团练。当嘉庆时，川、楚教匪之乱，赖乡勇、团练之力，始告平定。事毕即被解散，鲜有存者。及太平军起，清廷乃议复兴团练，资以保卫地方。时曾国藩以侍郎丁母艰，闲居乡里。廷议令国藩督办团练，国藩初犹固辞，及友人郭嵩焘与弟国荃力劝，乃允出而从事。当太平军初起，知县江忠源募乡勇三百人，号曰"楚勇"，隶副都统乌兰泰部下。忠源固国藩友也，楚勇临战，果敢数倍官兵。乌兰泰目睹战况，尝曰："君等蔑视楚勇，今竟何如？"湖南义勇兵之外出，以此为始。然楚勇颇为官兵所嫉视，官兵与乡勇，不相应援，其效未著。及国藩出办团练，成湘军，屡破悍贼，声势益盛，终奏荡平之功焉。

曾国藩初创团练时，其言曰：

> 军兴以来，二年有余，糜饷非不多，调集大兵非不众，而往往见贼辄逃溃，未尝转战。由兵未训练，无胆无艺故也。今省城设一团练，先募乡民之壮健朴实者。有一人之教练，则收一人之益。行一月之教练，则收一月之效。

咸丰二年，实为国藩初立湘军之日。遂与罗泽南等，讲求营伍技击之法，参用明代名将戚继光遗制，朝夕训练,组成劲旅。而宝庆江忠源既创楚勇,湘乡罗泽南、王鑫亦以诸生办团练有声。巡抚张亮基尝令各募一营,至长沙助战,号曰"湘勇"。国藩总持其事,合诸勇而统一训练之,遂以湘军之名闻天下。

国藩之初起,意在保卫乡里而已,不敢轻言出兵靖乱也。于是立三等之法,不经府县狱,可直接处罚练勇。又以手书劝告乡党之人士耆老,虽幼贱者,亦身自下之,必与以对等之礼。其布告皆用书状之式,自署其名,以招地方之贤俊。复作《保守平安歌》,以教乡里。分为"莫逃走""要齐心""操武艺"三章,以鼓舞团练与人民,使能一致奋勇焉。国藩之言曰:

> 为兵勇者,年少力强,朴实有农民之气者为上。油头滑面,有市井气、有衙门气者,概不收用。

又国藩致江忠源书曰:

> 今日极可伤恨者,在兵败不相救。盖调发之初,征兵一千,自数营中或数十营中抽选,卒与卒不相知。统领之将,又非平日本营之官,遂乖然不相入。如今日之组织营伍,虽圣者不能得一致之协力。足下前征云贵、湖广之兵六千,益以义勇三千,合为一万。夫六千之兵,必有一二镇将统之。但其势力不

相下，而将官又多平庸，不足与语。余不好此等编
制，但教练万人，求吾党质直通晓兵事之君子，将之
以忠义之气，辅之以训练之勤，相激相劘，而后言战。

盖湘军之精神，为解义理，重廉耻；湘军之对象，为卫
乡国，平妖寇。湘军之组织分子，为朴实勤奋之农民，与
明达有道之书生。以书生将农民，而天下无不平之寇。
故湘军者，书生与农民之集合体也，民兵制度之遗意也。

湘军之编制，盖以营为基本，联数十营而成一大军。
故论湘军之编制，惟有一"营制"耳，营之编制如下表：

```
统领                          四哨（哨官）——— 什长  正勇
（统数营或数十营）   营   （每哨分八队）    （队） 伙勇   共四百三十二人
                   （营官）                              合计每营五百零四人
                          亲兵六队（什长）— 什长  亲兵
                                         （队） 伙勇   共七十二人
```

湘军营制，为曾国藩所手订。其初，以三百人为一
营，后改为五百人。每营设营官一人，其兵则分为亲兵与
四哨。四哨者，前后左右也。亲兵为营官近卫之兵，分六
队，每队设什长一人。亲兵十名，伙勇一名，共七十二人。
其四哨，则每哨设哨官一人，护勇五名，每哨分八队，每队
设什长一人，伙勇一名。而队又有区别，若为抬枪队，则
正勇十二名，合什长、伙勇为十四名。若为刀矛小枪队，
则正勇十名，合什长、伙勇为十二名。每哨，合哨官、护
勇、什长、伙勇及正勇，为一百八人，四哨共四百三十二
人。合营官亲兵，则每营总数，共约为五百零四人。

湘军之基本为营,而每营之基本,为哨与队。营有营官,哨有哨官,队有什长,其统率之官如此,而其队之分配编制,更如下表所列:

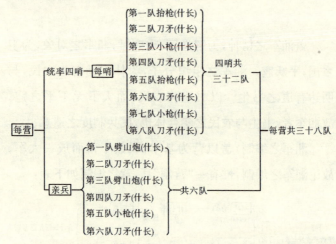

其官兵之外,尤有长夫。每营营官及帮办人员,共用长夫四十八名。搬运子药、火绳及一切军装等项,共用长夫三十名。每劈山炮队,用长夫三名。刀矛小枪队,用长夫二名。以上亲兵六队,长夫二名。计四哨中,有抬枪八队,用长夫二十四名,共长夫四十八名。总合一营,用长夫一百八十名。大率每百人用长夫三十六名,合之营哨官员,及各勇人等,每营共有众六百八十五人,是为正额。

湘军之编制,以营为基本单位。一统领或统数营,或统十余营,或统数十营,可增可减,可分可合,极为灵活。盖非平时经制,完全为适应战时之编制也。今之军队战时编制,以团为单位。湘军每营五六百人,其作用略与今之团相等。湘军之初起，有众仅三营，约千八百人。以罗泽南统中营，以国藩弟子王珍统左营，以邹寿璋统右营，此三营实为湘军之基础。而参将塔齐布之二营，周凤山、储玖躬各二营，曾国葆之一营，则附属之。其后则水师之议，建于郭嵩焘。嵩焘从江忠源守南昌，偶获太平军之间谍，探知贼皆舟居，乃建议于忠源与国藩，遂设衡州、湘潭二局，覃思规划。适守备成名标，进广东快蟹、三板船式，同知周汝航，又进长龙船制。国藩乃令二人董理船政，凡成快蟹四十、长龙五十、三板一百五十，各募壮丁习水战，得五千人，湘军乃有水师焉。

湘军初起仅三营，众不过二千。自创制水师，扩充陆军，遂益强盛。咸丰四年，国藩发衡州，至湘潭，集合军力，有新旧水师战船二百四十，坐船二百三十。水师凡十营，由衡州募者六营，以成名标、诸殿元、杨岳斌、彭玉麟、邹汉章、龙献琛为营官统之。由湘潭募者四营，以褚汝航、夏銮、胡嘉垣、胡作霖为营官统之。而陆军亦有众十三营，以塔齐布、周凤山、罗大纲等统之，而塔齐布为前锋。水陆两军，共一万七千人，夹湘水而下，军容称极盛矣。

湘军自浮湘入汉，与太平军搏战，互有胜负。然国藩持以坚毅，卒下九江、安庆。乃以左宗棠入浙江，李鸿章入苏沪，分段攻略，竟蹙太平军于南京一隅而聚歼之。国藩以咸丰元年治团练，二年创立湘军，四年出师。迄同治三年,始下南京,戡定大乱,凡历时十四年。清代自八旗、绿营,俱不堪用。嘉庆以来,辄赖团练乡勇之力,削平寇乱。至于湘军崛起,平定发捻,实为清代一大战役。而团练乡勇之效,于是大著。旗兵之将,若僧格林沁,若胜保,殆不足齿数。

湘军之所以能任战,盖由以士人为将,以山农为兵,汰除油滑官弁,而又施以整严之营制,勤勉之训练故也。以制度言,则营制实为湘军之根本。咸丰十一年,左宗棠擢浙江巡抚,疏奏曰:

> 浙江军务之坏,由历任督抚,全不知兵。始则竭本省之饷,以济金陵、皖南,冀借其力以藩蔽。而于练兵选将之道,漫不经心。自金陵、皖南溃败,又复广收溃卒,縻以重饷。卒之兵增饷绌,遂涣散溃决而不可支。今臣奉命督师,非严汰冗兵,束以营制不可。非申明赏罚,与以实饷不可。非另行调募,预为换补不可。

然则左宗棠之经略浙江,其主张亦在"另行换募,束以营制"之八字,与国藩所见正同也。

湘军之外,则有淮军,实创始于同治元年。于时湘军创立已十年矣。同治元年,苏、常均已失陷。上海为各国互市之地,势亦危急,乃派钱鼎铭、赵浣谒曾国藩,请速救苏、沪。国藩令李鸿章雇外国汽船十只,载鸿章及兵六千东下抵上海,更拨湘军之程学启、郭松林诸将与之。鸿章复于安徽新成一军,以刘铭传等统之,是为淮军。淮军之组织训练,与湘军同。其异者,湘军为湖南子弟,淮军则安徽子弟也。淮军虽由鸿章创始,而其营伍之法,器械之用,薪粮之数,一遵湘勇章程,盖悉由国藩手定者。两省将卒,若出一家,由是戡定苏、常,与湘军比美。

淮军之别支,曰常胜军,盖为中国仿效欧西军制之初步。苏松太道吴煦,募华兵五六百人,使美国人华尔统之,以西法训练成军,号曰"洋枪队",保守松江,屡破太平军,因号为常胜军,其后扩充益强。其服装用暗色绒地之西式军服,戴绿色帽,其枪用英制之滑口枪及旋条枪。其大炮则合野战炮及攻城炮,约有五十二门。此外,尚有小蒸汽船之炮舰,有架设浮桥之工程队,号令用英式英语。其兵数至多约五千人,其中约有欧洲士官一百五十人。初统将为美国人华尔。继之者,为美国人白齐文。又继之者,为英人戈登。其军为完全独立之游击队,不受清将之节制,战颇有功。此区区五千人之常胜军,实给与李鸿章以深切之影响,而为后来鸿章主张练兵购械,采用欧法之原动力,所关系非浅也。

南京既下,国藩奏请撤湘军之半还乡里,又代弟国荃请开缺调养。于移师剿东西捻匪时,又自请罢斥,荐李鸿章自代,于是淮军势盛。安陆之役,湘将鲍超,以功获罪,乞病归里。所部湘勇三十营，鸿章悉遣散之，而代以淮军之刘铭传。自是，淮军声势与湘军比肩。然湘将渐衰，淮军渐起，终取湘军而代之。鸿章以淮军平捻，声誉亚于国藩。

其后，左宗棠用湘军余威，平陕甘回乱，戡定新疆，功业亦盛。盖自国藩而后，湘、淮并峙，左、李俱崇，其声势所及，迄于清末，犹被其影响。

湘军者，书生之军也；淮军者，官吏之军也。湘军虽出招募，而其先出于团练，以士人将农兵。其兵以营伍为家，以将帅为父母，具朴诚勇敢之气概，遂成大业，实有民兵之意味。其人物甚多，自曾国藩、胡林翼外，惟有罗泽南、李续宾二人，实为不世出之豪杰。泽南学问，成于贫苦之中，尊德性，重廉耻，崇名教，讲实效。续宾少从泽南学，为人含容沉默，其选士，以知耻近勇、朴诚敢战为上。每战，则人当其脆，而己当其坚。粮杖则与人以善者，而己取其窳者。所屯军地，百姓耕种不辍，万幕无哗。大小六百战，克四百城，口不言功。故湘军之成功，殆非偶然。淮军初起，不过为湘军之余绪，不及数十年，其朽腐遂与八旗、绿营等矣。

清代设武科以取士，又制八旗、绿营之兵。然其后赖团练民兵以平大乱，乃出于武科与八旗、绿营之外。曾国藩本不自许为知兵，其咸丰二年与友人书云：

郭嵩焘十五日夜来我家，劝余至长沙办团练。余以湖北失守，关系甚巨，恐长沙人心摇动，故思出而保卫桑梓。

王闿运《湘军志》亦云：

国藩自以为行军用兵，非其素习。

故国藩之治军，出于不获已。然国藩之论兵，固早知武科之无用。道光二十七年，国藩被派为武会试总裁，其序进呈之试录云：

自唐、宋以来，招致将才，不可必得，于是有武举之科，有武学之额，元、明循是不废。然以弓马得者，不过引强挽重市井之粗材；以策试中者，亦皆记录章句琐琐无用之学。故论者谓人才之兴，不尽由于科目，理固然也。我朝自定鼎以来，各行省山泽猛士，罗之以科举，所以储干城之选，顾循行已久。向之所谓市井挽强记录无用者，挽乎其中。而臣之所职，又惟校此默写孙、吴之数行，无由观其内志外体，与其进退翔舞之节，而欲韬钤之材之必出于此，不遗于彼，臣诚不敢以自信。

观此，知国藩对于清廷所行之武科与八旗、绿营，咸视为无用。其别出于他途，以求能当戡定天下之任，固早决之于平日矣。

自淮军平捻匪，湘军定新疆后，劲气渐销。湘、淮两军，俱成弩末。德宗光绪十年，中法有越南之役。淮军宿将冯子材、苏元春、潘鼎新等，犹有余勇可贾。而淮将刘铭传，为台湾巡抚，施政有能声。及光绪二十年中日战役，淮军将宋庆、马玉昆、聂士成，稍称能战；而叶志超、卫汝贵等，则望风而靡。盖李鸿章所创之淮军，至是已不堪用；并其所辛苦经营之海军，亦一败涂地，烟销灰灭。

袁世凯者，初从淮军将提督吴长庆驻朝鲜。自中日战后，朝野竞言练新军以谋自强。于是，有新建武卫三军之立，皆用欧西步法。新建武卫军，分为前、后、中、左、右五军，以聂士成、董福祥、袁世凯、宋庆统之，荣禄自统中军。迄戊戌政变后，至光绪二十六年，义和拳匪起，屠外人，英、美、法、日、德、俄、奥、意八国联军入京师。聂士成战死，董福祥以附拳匪获罪。和议成后，李鸿章亦卒。荣禄当国柄，益任用袁世凯，畀以兵权。袁以知兵自命，号为能以新法训练，而袁氏新军，乃代淮军而起。

前清各县署中，皆有民壮之设，始自明代正统年间。中叶以后，按里金点，增至千余名。嘉靖之际，倭寇俶扰，增设教师义勇，俨然民兵之制，用以卫地方，防盗贼。其后有司以老弱者充之，又从中渔利，而其制乃渐废。至清代雍正二年，刑部尚书厉廷仪奏复民壮。是年，部议州县各设千名，岁给银六两。后因河道总督田文镜奏，以州县之冲僻，定民壮数目之多寡。咸丰洪、杨乱起，军兴之后，湘、淮各军以乡勇平乱，而民壮反无所用，仅为州县官吏出入呵道，及平日奔走之具而已。其人皆徒食口粮，不能执兵役，耗费饷糈，聊资点缀。有人以诗讥之云："民壮何曾壮，官肥臃肿多。一年银六两，养不活家婆。"此则清代沿袭明制，于保甲、团练、乡勇之外，复有所谓民壮。其初，尚寓民兵遗意，日久遂成废物，亦清代民兵之一段故实也。

我国之改练新式陆军，发端于庚子前后。绿营自光绪十一年，即下裁汰之谕。然一旦遣散，安插甚难。故光绪二十七年，复有许精选若干营，教以新法之谕。此种军队，以长江一带为多。其后，遂名为各省之"巡防军"。湘、淮营勇，亦渐归淘汰，其结果与绿营同。团练之兵，自太平、捻、回等平定后，更就消灭。至八旗军，则于光绪三十三年，下裁撤八旗之诏。明年，更设"变通旗制处"，为八旗子弟筹生计。以上所举之八旗、绿营、乡勇、团练四者，既皆老败，乃不得不注全力于新军焉。

自庚子以后，创练新军之议起。然其初特由各省枝节为之，无全国统一之通盘计划。最初改练之地，则直隶、南京、湖北三处，而袁世凯、端方、张之洞，实主其事。直隶袁世凯，练兵于直隶之小站。江苏、湖北之新军，亦先后创始。其后，南方督抚岑春煊、锡良，俱以能练兵有声。旗人铁良与良弼，皆号知兵，亦时思攘夺军权，以归其掌握。新军之初兴，仍未能脱离淮军之余绪，一时将弁，如王英楷、姜桂题、段祺瑞，大率自淮军出身者。然步伍编制及操法、武器等项，大都仿效欧西及日本。于是，练兵狂热，殆不可遏。

清廷于筹备立宪诸要端，如政制之革新，实业之创始，教育之砺进，皆一意敷衍，认为缓图，而独亟亟谋练兵，当时盖有"练兵以防家贼"之私意。光绪三十年，设立练兵处，始定全国统一计划。是年，练兵处奏定新军之营制饷章焉。

清末新军之制，凡分为"常备""续备""后备"三种。常备军定额为三十六镇，分布全国，其镇之编制如下：

镇
（平时
编制）
{
步队二协——一协二标——一标三营——一营四队——一队三排——一排三棚
炮队一标——一标三营——一营三队——一队三排——一排三棚
马队一标——一标三营——一营四队——一队二排——一排二棚
工程队一营——一营四队——一队三排——一排三棚
辎重队一营——一营四队——一队二排——一排三棚
}

附注一：一棚兵十四人。一镇之将校官佐，共七百四十八名，兵一万四百三十六名，夫役一千三百二十八名。

附注二：每两镇合为一军，每镇以万二千五百十二名为定员。战时，可每排增加三棚，惟马队、工程队，不得临时增加。三十六镇之常备军，视地势及国防之关系，分布

全国各省区,其分布之情形如下(光绪三十三年陆军部奏定):

京畿四镇。畿辅拱卫京师,宜有大军,以居中驭外,故镇数特多。

直隶二镇,山东一镇。直隶、山东,屏蔽畿疆,濒临渤海,故宜相联,以固神京之右辅。

江苏二镇。该省当江海之冲,故宜有重兵屯之。

江北一镇。清江浦当山东、河南、江苏、安徽四省要地,故宜别有一镇以守之。

安徽一镇,江西一镇,河南一镇,湖南一镇。此四省居中原腹地,故宜各编一镇,有事可出境赴援。

湖北二镇。该省居全国之中,宜厚集兵力,以资策应。

浙江一镇,福建一镇。闽、浙二省,地接海疆,宜一气联络,以固东南门户。

广东二镇,广西二镇。两粤为海陆边防要地,须协力一致,以固南服之藩篱。

云南二镇。该省控制西南,宜厚集兵力,以资防守。

贵州一镇。该省尚为腹地,有一镇之兵,足资分布。

四川三镇。巴蜀居长江上游,与滇、藏相邻,其富饶亦过他省,故镇数较多。

山西一镇,陕西一镇。秦、晋地近西北,宜各编一镇,分守要区。

甘肃二镇,新疆一镇。两省为西北门户,宜连成一气,以固边陲。

热河一镇。热河为京师外辅,控制蒙旗,故宜专设一镇,以资扼守。

奉天一镇,吉林一镇,黑龙江一镇。东三省地方辽阔,故宜各设一镇,以资分布。

以上为清末常备军之定额。常备军取招募制,虽非民兵,然其招募,固限定其身份资格与退伍年限,寓有征兵之意。察其制度,殆近于募征之制度也。试述其募兵制略如下:

各省督抚,酌量该省各州县之人口面积远近,以及交通之难易,定一检查期。而将兵士资格,榜于检查所之门外,派府县官以选定之。其资格如下:

(一)年在二十岁以上,二十五岁以下者。

(二)身长官尺四尺八寸以上,惟南方人酌减二寸。

(三)五官齐全,身体强壮者。

(四)百斤之重,可平举者。

(五)有籍贯家属者,并记三代履历。

(六)不吸食鸦片烟者。

常备兵入营后,三阅月,即将饷项扣留若干成,每半年一寄其家。其有操练优等者,则仿绿营马兵之例,免税三十亩,以为勤慎者劝。常备兵每名月饷四两余,服役以三年为限。三年后退伍,为续备兵。

由上之条例观之,清末之常备军,虽采用募兵制,而招募有资格,退伍有年限,仍寓征兵之意。

常备军之外,其续备与后备之制,则寓兵于民,尤与民兵之义相符合。试述续备与后备之军制如下:

（甲）续备军制略

各州县设续备兵，即以常备兵之三年退伍者充之，服役亦以三年为限。退伍后充后备兵、续备兵，月饷较常备兵减四分之一。驻各州县之续备兵，宜受地方官及驻该地下士之指挥统率。凡有续备兵百名之州县，即设下士一人，不及百名者，则两县共设下士一人。如一州县之续备兵甚多者，则设下士数人。

每年十月，由管辖续备军之统帅，派人往所属州县，操演续备兵。驻县下士，宜先期召集。而地方官则应兵数之多寡，请领军服、军器，以分给之。其操演期限，大抵一月。此一月中，所给月饷，与常备兵同。

续备兵之兵士，平时可任意经营生理。下士之职务，其最要者，为发给续备兵饷项，募集新兵，管理军械，如遇匪变，则会同地方官，传集兵士。

续备兵有往外省者，则在外省会操。其离本籍千里以内者，仍归本籍会操。

（乙）后备军制略

各州县设后备兵，以续备兵之三年退伍者充之，服役以四年为限。年中演习二次，其饷额较续备兵减半。各州县有后备兵二百人者,得设下士一人,以资统率。若在百五十人以内,则由续备兵下士兼管之。自退为后备兵之第二年及第四年,为会操期。充满四年后,如年在四十五岁以下,仍欲从军者听之。如服兵役满十年,而又无过犯者,准其试验。试验及格者,任以千把总,分驻各州县,专管续备、后备等军。

以上为光绪三十三年陆军部奏定之兵制。其续备、后备之兵,取诸常备军之年满退伍者,平日既可任意经营生理,从事农、工、商诸业,而兼食月饷,有下士以统率之。每年有服役演习之期,有事则仍可征调集合以应战,故常备军为寓有征兵遗意之募兵。而续备与后备军,则为纯正之民兵也。

自全国统一之练兵计划确定后,各省即纷纷募练新军,而新军遍于全国。光绪三十一年,在河间府举行北洋军大操。三十二年,在河南举行北洋、湖北两军大操。三十四年,在安庆举行两江、两湖军大操,成效颇著。外国人参观者,亦惊其成就之速。自光绪三十四年,德宗逝世,袁世凯亦被逐归里,释去兵柄。清室诸亲贵,起握军权。宣统元年,设军咨府,以贝勒载涛管之。复设海军处,以贝勒载洵管之。陆军部则荫昌管之。不及三年,武汉革命军起,而兵柄乃复归于袁世凯之手。

其军事教育,则光绪间即已着手。除遣送少数学生赴欧美外,复遣送多数学生赴日本,入士官学校。各省则有官弁学堂，及陆军速成学堂，以应急需。复于直隶之保定府，设立陆军军官学堂。南京设水师学堂，烟台、广州设海军学堂。全国设陆军中学堂四处，各省设陆军小学堂若干处，以造成新军官弁。此项学生毕业，纷纷入各省新军服役。自军事外，其他政皆无足言。故强国之效未彰，而革命之机先熟焉。

清廷之置百政而惟务练兵，适以自速其亡。于是宣统间，广东则有倪映典，安徽则有熊成基，皆以新军附和革命而未成者。宣统三年，湖北协统黎元洪，以新军举革命，清廷仓皇起用袁世凯。而北方新军统制吴禄贞、张绍曾，皆阴为革命声应。世凯更嗾新军统将段祺瑞等，电恳清帝逊位。南北新军，皆一致起扑清帝而倒之，清遂亡其宗社。各省政权皆入新军将帅之手，改镇曰师，协曰旅，标曰团，队曰连，余皆仍旧。中国乃由君主入于民治，实则入于军治而已。

清代兵制，自天命、天聪，迄顺治，为八旗军之时代；自康熙、雍正，迄乾隆、嘉庆，为绿营之时代；自嘉庆、道光，迄咸丰、同治，为乡勇团练之时代；自光绪至宣统，为新军之时代：兵制盖四变而底于亡。其先，立制兵，设武科，而武科与军伍不相涉。谭嗣同《兵制论》曰：

欲定制，不外选与养。夫选，未可执途人而遍察之也，必出于科目而后可。今武科得士，岁以千计，然皆老死田垄，即一二得官者，浮沉散秩，无一人一士之权。是设科取之，适以废之，欲毋废之，必选而入兵。侍卫可长千人，进士长百人，举人长十人，武生则兵也。欲为兵必先为武生，贤者递迁而上，尤必用土著，俾毋他往。守其祖宗坟墓之墟，则力奋。长于乡间长养之地，则势审。平居无骚扰之端，征发无逃亡之患。如此则兵不择而精，气不鼓而壮，且武科亦不虚设。

谭嗣同之论，盖有养成民兵之意。其着重在使武科人才，能入于军伍，以求致用。然此议固历代清帝所熟知，而无意实行。八旗朽于康熙间，绿营朽于乾隆间。清廷知其无用，而不能彻底改革。宣统时，彻底改革，而为时已晚，清遂亡矣。

湘军为清代兵事之最有价值者，其兵质优良，而具有民兵意味。惜曾国藩定乱而后，精力已衰，其为人又谦下守雌，多所避惮。故湘、淮军仅供戡乱，而不能确立一代之革新经制。光绪时之新军，制度非不美善。然以疲乏之国力，憔悴之生计，愚昧之民智，杂糅之制度，一切不加根本之整理，而先事练兵，舍本逐末。欲练兵以防内乱，而适以促内乱之速成。清代之所以贻患于吾人者盖若此。

袁世凯练新军最早，布置羽翼爪牙亦最力。北方新军，一变而为袁世凯之私人武力。民国二年以后，遂遣其所部，分镇长江各省，所谓北洋军也。其于南方，颇似前清八旗驻防之制。而"北洋正统"之声，亦时噪于人耳。南方军之非袁系者，起而抗之。袁死，而南北兵争不绝。北洋自袁死，失其中心人物，裂为段祺瑞之安徽系，吴佩孚之直隶系，张作霖之奉天系，相攻杀无已时。南方则有黄埔党军之崛起。盖自光绪三十年，迄于今日，为时不过三十年，中国已成为武人割据之场，其祸甚于五代藩镇。内战视为故常，杀掠同于儿戏。兵额则日益增多，兵质则日益坏劣。宪典既拉杂摧烧，殆已无存；财政则竭尽脂膏，犹虞不足。豢养军队之多，为全球第一；而丧失疆土之广，亦空前绝后。向日倡言"练兵以防家奴""整军经武，以图自强"之徒，今皆墓木已拱，或僵毙垂毙。而徒令后来之人，永永宛转呻吟，为刀俎上之鱼肉。譬彼舟流，不知所届。文武之道俱尽，治理之效难期。呜乎！尚何言哉！尚何言哉！

跋

　　群盗纵横日，长沙子弟兵。但能通大义，不废用书生。地尽耕耘力，人惊壁垒精。后来司马法，应见寓农情。（《祁门杂诗》之一）

　　癸酉冬日，草《中国民兵史》竟，录王闿运诗一首，殿其后，以寄微意。李思纯哲生。

附录

说斗将与火器

在四千年历史记载中,一切战争当火器未发明使用以前,都是刀矛弓矢的时代。且战争的胜败,有时不仅是集体动作的结果,可能也是个人肉搏的结果。这样的情况,读史的人很少论到。只有清代赵翼的《陔余丛考》,搜集了一些历史记载,罗列为一编,名曰斗将。这是名称的由来。

可惜赵翼只是罗列一些具体事实,而对于斗将一事的历史起源,斗将时呼斗的规律,与元明以来斗将一事消灭的原因,都未曾论及。我以为根据历史记载,研究当时实际状况,可能作一个系统的说明。

在比较原始的社会里,是极端重视个人领导的。原始部落社会酋长的威权,比较后来更大。在战争时,酋长个人搏斗的胜败,即影响于全体作战的胜败,至少是代表了双方一胜一败的具体象征。古代希腊的传说,亚加狄亚人种（Arcadians）初据有土地，后来多利安人种（Dorians）从北方侵入，双方立约，不以军队决胜负，而以亚加狄亚将军伊克马司（Echemus）与多利安的领袖黑拉司（Hyllus）二人对战，以胜败来决定土地应属于何方。结果伊克马司胜，多利安人守约退去。这一事实虽出于传说，但可以作为原始部落社会以个人搏斗来决定一切的典型。

古希腊的荷马（Homer）所著史诗，叙希腊与特罗邑（Troy）的战事。描写特罗邑的勇将赫克脱（Hector），与希腊勇将阿溪耳司（Achilles）搏战，赫被杀，阿则被特罗邑王子巴黎（Paris）所射死。这样的描写，正显示出古代一个具体的斗将事实。至于英国司哥德（Walter Scott）所描写的中古历史小说，其中骑将武士个人搏斗的事实更多，这都是欧洲当火器未兴以前的斗将实例。而在中国史籍中，这样的事实，首先见于《史记》的《项羽本纪》。

《史记·项羽本纪》：

> 项王谓汉王曰："天下汹汹数岁者，徒以吾两人耳，愿与汉王挑战决雌雄，毋徒苦天下之民父子为也。"汉王笑谢曰："吾宁斗智不斗力。"项王令壮士出战，汉有善射者楼烦，三次射杀之，项王大怒，乃披甲持戟挑战，楼烦欲射，项王瞋目叱之，楼烦还走入壁，不敢复出，使人觇之，乃项王也。

《集解》：

　　李奇曰：独身挑战，不复须众也。

　　《史记》所述的这一事实，与《两唐书·突厥传》所述唐太宗李世民对突厥可汗的言语，先后相映，其情况很相同。

　　《旧唐书》卷一百九十四《突厥传》

　　颉利、突利率万余骑，奄至城西，乘高而阵，将士大骇。太宗乃亲率百骑，驰诣虏阵，告之曰："国家与可汗，誓不相负，何为背约，深入吾地。我秦王也，故来一决。可汗若自来，我当与可汗两人独战，若或兵马总来，我惟百骑相御耳。"突厥弗之测，笑而不对。

　　上文所述，为一方面请求独身对战，另一方面则不允而谢绝。但也有双方同意而实行独身对战的，见《三国志》注。

　　《三国志·吕布传》裴注引《英雄记》：

　　郭汜在城北，布开城门，将兵就汜言："且却兵，但身决胜负。"汜、布乃独共对战，布以矛刺中汜。汜后骑遂前救汜，汜、布遂各两罢。

这样双方相约的独身对战，在史籍中，即名为斗将。追溯这斗将的名称，应当是唐代人们所习用。

唐封演《封氏闻见记》卷六《道祭》：

> 大历中，太原节度（使）辛景云葬日，诸道节度使遣人修范阳祭。祭盘最为高大，刻木为尉迟郑公突厥斗将之戏，机关动作，不异于生。（又王谠《唐语林》卷八，所载亦同，惟郑公作鄂公。）

斗将之前，必由一方提出邀约。此项邀约，或为有礼貌的商谈，或为简单直率的呼斗，而以身临阵前大呼求斗的为最常见。

《汉书·陈汤传》：

> 明日，前至郅支城都赖水上，离城三里，止营傅陈。望见单于城上五采旛帜，城上人更招汉军曰：斗来。

《三国志·蜀书·张飞传》：

> 曹公入荆州，先主奔江南，曹公追之，一日一夜，及于当阳之长坂。先主闻曹公卒至，弃妻子走，使飞将二十骑拒后。飞拒水断桥，瞋目横矛曰："身是张

益德也,可来共决死。"敌皆无敢近者,遂得免。

唐人康骈《剧谈录》:

白敏中以库部郎中,入为翰林学士。大中初,边鄙不宁,吐蕃尤崛强。宣宗皇帝决于致讨,公首奏兴师,遂为统帅。时犬戎列阵于川,以生骑马数千匹伏藏山谷。有蕃中酋帅,衣绯茸裘,系宝带,骑白马,扬鞭出阵,频召汉军斗将,白公诚兵士无得应之。有潞州小将,骁勇善射,驰出连发两箭,皆中顶,脱裘解带夺马而还。

《新五代史·李存孝传》:

存孝猿臂善射,身被重铠,櫜弓坐稍手舞铁挝,出入阵中,以精骑五百绕梁棚而呼曰:"我沙陀之求穴者,待尔肉以食军,可令肥者出斗。"梁骁将邓季筠出战,存孝舞稍擒之。

司马光《涑水记闻》卷十二:

康定元年,夏虏寇延州。祗候郭遵,从刘平与贼战。有跨马舞双剑以出,大呼云欲斗将者。平问诸

将，无敌敌者。遵独请行，因上马舞二铁简，与贼格
斗。贼应手脑碎，余众遂却。

《建炎以来系年要录》卷三十七：

　　建炎四年九月乙巳，金完颜宗昌围楚州，镇抚使
赵立拥六骑出城，呼曰："我镇抚也，首领骁将，其来
接战！"南寨有二骑袭其背，立手奋二枪，俱坠地，夺
双骑。

以上的各种历史记载，都是临阵呼斗的实例。但这
样的实例，并不能代表一切斗将的情况。另外的一种斗
将情况，是阵前的卒然的遭遇，时机急迫，并无表示求斗
的时间，而卒然发生个人对战的斗将事实。

《南史·萧摩诃传》：

　　齐遣大将尉破胡等，率众十万来援。又有西域
胡，妙于弓矢，弦无虚发。明彻谓摩诃曰："若殪此
胡，则彼军夺气。"摩诃曰："愿得识其形状。"乃召降
人识胡者，觇知胡在阵仍酌酒饮，摩诃驰马冲齐军。
胡挺身出阵前十余步，彀弓未发，摩诃遥掷铣锃，正
中其额，应手而仆。

《旧五代史·王彦章传》：

> 夏鲁奇与彦章素善，阵中识其语音曰："此王铁枪也。"挥矟刺之，彦章重伤马踣，遂就擒。

《新五代史·周德威传》：

> 刘守光所部骁将单廷珪，望见德威于阵，曰："此周阳五也。"乃挺枪驰马追之，德威佯走，度廷珪垂及，侧身少却，廷珪马方驰不可止，纵其少过，奋挝击之，廷珪坠马，遂见擒。

《建炎以来系年要录》卷九十八：

> 绍兴六年二月乙卯，韩世忠引兵至宿迁县，令统制官呼延通前行，至阵前请战。金将贝勒雅哈大呼令解甲，通驰刺雅哈，转战移时不解，皆失杖，以手相格，去阵已远，逢坎而坠，雅哈刃通之腋，通扼其吭而擒之。

以上都是阵前卒然遭遇，不及呼斗，而径行搏斗的记载。但斗将的情况，还不仅是如此。另外一种方式，是双方并非对敌，而作一种友谊竞赛式的斗将，如尉迟敬德与李世民之弟齐王元吉的故事。

《新唐书》卷八十九《尉迟敬德传》：

> 敬德晚节自奉养甚厚。其战善避槊，每单骑入
> 贼，虽群刺之不能伤，又能夺取贼槊还刺之。齐王元
> 吉使去刃与之校，敬德请王加刃而独去之，卒不能
> 中。帝常问夺槊与避槊孰难，对曰夺槊难。使与齐
> 王戏，少选，王三失槊，遂大愧服。

在火器未使用于战阵前，上述的斗将情况，是随时随地有之的。火器之兴起，以东方为较早，而用于战争，则以西方为较早。欧洲当中古七世纪时，回教的哈里发阿布·伯克(Abu Bekr)，出兵攻东罗马，而东罗马的希腊人开利尼古(Kallininikos)，初次使用火器，击退了他。此项火器，即名为希腊火药(greek fire)，此为欧洲用火药作战之始。有人以为火药是罗哲尔·培根(Roger Bacon)所发明，这是不足信的。

火药用于战争，虽开始于七世纪，不过用的喷火筒之类。直到十四世纪，才开始用火药为大炮以作战。公元一三四六年(元顺帝至正六年)，英法百年战争，英国爱德华黑太子用火药炮轰击法军，这是欧洲用火炮之始。

中国使用火药，作为烟火灯焰的娱乐物品，由来已久。唐初苏味道观灯诗，有"火树银花"之句，可能是描写

的焰火娱乐，但绝未用为战争武器。当七世纪隋唐之间，中国初有作战的炮，但那时写作"礮"，不过是一种发石的机械，并非火器。

《新唐书》卷八十四《李密传》：

> 乃推密为主，建号魏公。……城洛口，周四十里居之。命护军将军田茂广，造云艚三百具，以机发石，为攻城械，号将军礮。

由隋唐五代经北宋而至南宋，一切战争，皆用刀矛弓矢，而不知使用火器，尤以弓矢或强弩，为主要的武器。似决胜之具，全在强弩，南宋的史籍中，不少证明。

《建炎以来系年要录》卷五十五：

> 绍兴二年六月辛卯，内殿进呈王大智所造军器。上曰："车战可用否？古法既废，不复闻用车取胜，莫若且令多造强弩。"

同书卷一百四十一：

> 绍兴十一年八月，吴璘阅兵河池，以新战阵之法。每战以长枪居前，坐不得起，次最强弓，次强弓，跪膝以俟，次神臂弓。约贼相搏至百步内，则神臂先

发,七十步,强弓并发,次阵如之。

从上引的史料,可证明截至南宋时,作战仍以弓矢强弩为主。但当时的战争记载中,已屡提及砲或火礮等物,颇多使用。所谓砲,或仍是旧法发石的机械;所谓火礮,则是使用火药的新法火器了。

《建炎以来系年要录》卷七:

> 建炎元年秋七月壬寅,起复朝请郎王圭言,金人攻城,多抛大砲,宜用囊盛麸糠,布于敌楼,则砲不能害。

同书卷十八:

> 建炎二年冬十月甲子,金副元帅宗维攻北京急,是日大雾四塞,金以断碑残础为礮,楼橹皆坏,左右蒙盾而立,至有碎首者。

上文中的"多抛大砲"与"以断碑残础为礮",可见仍是旧法的用机械发石,而绝非火器的使用。因此如下列各条所谓砲或礮,仍不能认为是使用火器。

《建炎以来系年要录》卷三十一:

建炎四年正月己未,金人破明州。前二日,遣老弱妇女运瓦砾填堑。次夕,植砲架十余对西门。是日,以数砲碎城楼,守者奔散而出,城遂陷。

同书同卷:

建炎四年正月己巳,赵立至楚州。金左监军昌率数万人攻城,相持四十余日。至是,敌以砲击三敌楼,遂登城。

同书卷三十二:

建炎四年三月,辽东汉军万户韩常,与太行义士石子明,战于真定西山烟脂岭,千户刘庆孙砲折其胫。

同书卷三十七:

建炎四年九月丙辰,金围楚州,赵立率士卒御之。忽报敌进城矣,立上城东门未半,飞碳碎其首。

同书卷四十四:

绍兴元年五月壬戌,邵青围太平州薄城下,攻具毕施,敌楼为礮所坏,守臣郭伟运土实之,贼遂不能近。

同书卷六十六:

绍兴三年六月甲午,知岳州范寅以策干湖南安抚使折彦质,其议兵器云:"胜敌之具,弓矢为上,钩枪次之,手刀又次之。又择十人为牌礮手,使居前列,牌以卫我师,礮以击贼徒。"

以上的各条记载,不能肯定为使用火器,大约其所谓砲或礮,仍是发石的机械而已。但南宋时,除遵循旧法使用弓矢强弩与发石机械外,有时也使用火药装置的新法火器。如下列的各条记载,即可作为当时已实际使用火器的证明。

《建炎以来系年要录》卷七:

建炎元年秋七月甲午,金人遣万户伊呼围洺州。赵士琭至邯郸,夜半薄城下,金人力攻之,士琭励将士,以火礮中其攻具,乃解围而去。

同书卷五十一:

绍兴二年正月辛丑,韩世忠收复建州。初,范汝为既被围,固守不下,世忠以天桥、对楼、云梯、火礧等急击,凡六日,城遂破。

同书卷五十七:

　　绍兴二年八月乙巳,李横围德安。镇抚使陈规御之,以六十人持火枪自西门出,焚其天桥,城中以火牛助之,横拔寨遁去。

　　上面所引的记载中,所谓火礧火枪,已无疑的是火药装置的火器了。但此种作战的火器,仍不过是火箭、火鸦、火药筒之类,仍不是装置火药的枪炮。因为正规的步枪与大炮,必须有相当的技术,才能铸造与使用的。

　　中国人使用火药以作战,虽开始于南宋时代,但稍后十三世纪的波斯人,才传授中国人以正规的火炮技术。更后十七世纪的荷兰、葡萄牙人,才传授更进步的炮术于中国。故应认为中国当十三至十四世纪的元代,与十四至十七世纪的明代,才正规的使用火器于战争了。

　　十三世纪的七十年代,蒙古攻襄阳,曾使用波斯人的大炮,见于《元史》。

　　《元史》卷二百三《方技传》:

阿老瓦丁，回回氏，西域木发里人也。至元八年，世祖遣使征炮将于宗王阿不哥，王以阿老瓦丁、亦思马因应诏。二人举家驰驿至京师，给以官舍，首造大礮，竖于五门前，帝命试之，各赐衣服。十一年，国兵渡江，平章阿里海牙遣使求礮手匠，命阿老瓦丁往，破潭州、静江等郡，悉赖其力。

又同卷同传：

亦思马因，回回氏，西域旭烈人也，善造礮，至元八年，与阿老瓦丁至京师。十年，从国兵攻襄阳，亦思马因相地势，置礮于城东南隅，机发，声震天地，所击无不摧陷，入地七尺。

但元代波斯人的炮法，并未流传于中国，除波斯炮手在中国曾一度使用外，中国则完全不能使用，更不要说制造。不过人智愈开，火药的威力愈能认识，就不能不更趋向于火器的制造与使用了。

明代初用火器，史有明文，实开始于明成祖朱棣征交趾的战役。从此有了所谓神机营的学习与使用，而炮术才成为作战的重要武器与重要技术。《明史·兵志》中列入火器一条，标志着中国在军事上物质条件的进步。

《明史》卷九十二《兵志四》火器条：

> 古所谓炮，皆以机发石，元初得西域炮，攻金蔡州城，始用火，然造法不传，后亦罕用。至明成祖平交趾，得神机枪炮法，特置神机营肄习。制用生熟赤铜相间，其用铁者，建铁柔为最，西铁次之，大小不等。大者发用车，次及小者，用架、用桩、用托，大利于守，小利于战，随宜而用，为行军要器。

这里已明白宣示，明初中国人已有铸造与使用大炮的技能了。但此项技能，当时还属于应保守的军事秘密。

《明史·兵志四》：

> 永乐十年，诏自开平诸山顶，置五炮架。……然利器不可示人，朝廷亦慎惜之。……正统六年，边将黄真、杨洪，立神铳局于宣府独石。帝以火器外造，恐传习漏泄，敕止之。

十四至十七世纪的明代，葡萄牙人东航，荷兰人继之，明代用兵辽东，曾用葡、荷制大炮获胜，号为红夷炮，见于《明史》。

《明史》卷三百二十五《外国传》：

和兰本国，去中华绝远，华人未尝至，其所恃惟
巨舟大碳。舟长三十丈，广六丈，厚二尺余，树五桅，
桅下树二丈巨铁碳，发之，可洞裂石城，声震数十里。
世所称红夷碳，即其制也。

自元代的至元十年（1273），攻襄阳用大碳后，更越三
百五十三年，为明熹宗朱由校的天启六年（1626），始命孙
元化仿制西洋炮。更越五年，为清太宗皇太极的天聪五
年（1631），满洲也命佟养性，仿制西洋炮。虽然明清双方
对大炮的铸造与使用，还认为不容易，但双方都认识到在
战争中火器的重要性了。

十四世纪的罗贯中著《水浒传》小说，在梁山泊一百
八人中，插入一个能使用大炮的人，名为轰天雷凌振。但
小说中虽竭力描写大炮的威力，而战斗方式，仍不免停留
在刀矛弓矢的原始状态中。这恰反映出元明时代人对火
器的认识与使用能力，即认识火器在战争中的极大重要
性，而对铸造与使用火器的技术，则具有一定的局限性。

十三世纪以后的元明时代，虽尚未能达到大量的普
遍的使用火器于战争，但元明以前独身挑战的所谓斗将
一事，却因火器的发展而消灭。因为有了火器的使用，即
使在远距离，也可以轰击杀伤，其效力超过弓矢多少倍，
遂使临阵的个人肉搏与独身对战，成为不必要与无意义。
此所以当元明以前，史籍中有许多斗将记载，而此后便渺

然无闻,其原因在此。

总结上述,归纳为下列三要点。

(一)人类当火器未使用于战争以前,确常有一种原始式的斗将。其独身呼斗与应敌,使我们知道小说中的对敌肉搏战阵回合,决不是远于实际的描写。

(二)战争使用火器后,斗将已成为不必要。故斗将一事,也随着火器的发展而消灭。

(三)中国当南宋时,初用火药作战,十三世纪以后的元明二代,始正规使用火炮。故斗将一事,也不再见于十三世纪以后的历史记载。